老科学家学术成长资料采集工程丛书

中国工程院院士传记

寻找黑夜之眼

周立伟传

胡晓菁 马 丽 ◎著

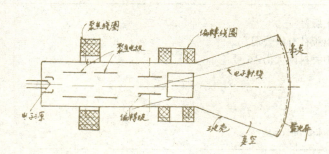

中国科学技术出版社

·北 京·

图书在版编目（CIP）数据

寻找黑夜之眼：周立伟传 / 胡晓菁，马丽著 . --
北京：中国科学技术出版社，2022.9（2024.7重印）
（老科学家学术成长资料采集工程丛书 . 中国工程院
院士传记丛书）
ISBN 978-7-5046-9769-1

Ⅰ. ①寻… Ⅱ. ①胡… ②马… Ⅲ. ①周立伟 – 传记
Ⅳ. ① K826.16

中国版本图书馆 CIP 数据核字（2022）第 145127 号

责任编辑	李双北	
责任校对	焦　宁	
责任印制	徐　飞	
版式设计	中文天地	

出　　版	中国科学技术出版社	
发　　行	中国科学技术出版社有限公司	
地　　址	北京市海淀区中关村南大街 16 号	
邮　　编	100081	
发行电话	010-62173865	
传　　真	010-62173081	
网　　址	http://www.cspbooks.com.cn	

开　　本	787mm×1092mm　1/16	
字　　数	235 千字	
印　　张	15.25	
彩　　插	2	
版　　次	2022 年 9 月第 1 版	
印　　次	2024 年 7 月第 2 次印刷	
印　　刷	德富泰（唐山）印务有限公司	
书　　号	ISBN 978-7-5046-9769-1 / K·335	
定　　价	85.00 元	

老科学家学术成长资料采集工程简介

　　老科学家学术成长资料采集工程（以下简称"采集工程"）是根据国务院领导同志的指示精神，由国家科教领导小组于 2010 年正式启动，中国科协牵头，联合中组部、教育部、科技部、工信部、财政部、文化部、国资委、解放军总政治部、中国科学院、中国工程院、国家自然科学基金委员会等 11 部委共同实施的一项抢救性工程，旨在通过实物采集、口述访谈、录音录像等方法，把反映老科学家学术成长历程的关键事件、重要节点、师承关系等各方面的资料保存下来，为深入研究科技人才成长规律，宣传优秀科技人物提供第一手资料和原始素材。

　　采集工程是一项开创性工作。为确保采集工作规范科学，启动之初即成立了由中国科协主要领导任组长、12 个部委分管领导任成员的领导小组，负责采集工程的宏观指导和重要政策措施制定，同时成立领导小组专家委员会负责采集原则确定、采集名单审定和学术咨询，委托科学史学者承担学术指导与组织工作，建立专门的馆藏基地确保采集资料的永久性收藏和提供使用，并研究制定了《采集工作流程》《采集工作规范》等一系列基础文件，作为采集人员的工作指南。截至 2021 年 8 月，采集工程已启动 592 位科学家的学术成长资料采集项目，获得实物原件资料 132922 件、数字化资料 318092 件、视频资料 443783 分钟、音频资料 527093 分钟，具有重要的史料价值。

采集工程的成果目前主要有三种体现形式，一是建设"中国科学家博物馆网络版"，提供学术研究和弘扬科学精神、宣传科学家之用；二是编辑制作科学家专题资料片系列，以视频形式播出；三是研究撰写客观反映老科学家学术成长经历的研究报告，以学术传记的形式，与中国科学院、中国工程院联合出版。随着采集工程的不断拓展和深入，将有更多形式的采集成果问世，为社会公众了解老科学家的感人事迹，探索科技人才成长规律，研究中国科技事业的发展历程提供客观翔实的史料支撑。

总序一

中国科学技术协会主席　韩启德

　　老科学家是共和国建设的重要参与者，也是新中国科技发展历史的亲历者和见证者，他们的学术成长历程生动反映了近现代中国科技事业与科技教育的进展，本身就是新中国科技发展历史的重要组成部分。针对近年来老科学家相继辞世、学术成长资料大量散失的突出问题，中国科协于2009年向国务院提出抢救老科学家学术成长资料的建议，受到国务院领导同志的高度重视和充分肯定，并明确责成中国科协牵头，联合相关部门共同组织实施。根据国务院批复的《老科学家学术成长资料采集工程实施方案》，中国科协联合中组部、教育部、科技部、工业和信息化部、财政部、文化部、国资委、解放军总政治部、中国科学院、中国工程院、国家自然科学基金委员会等11部委共同组成领导小组，从2010年开始组织实施老科学家学术成长资料采集工程。

　　老科学家学术成长资料采集是一项系统工程，通过文献与口述资料的搜集和整理、录音录像、实物采集等形式，把反映老科学家求学历程、师承关系、科研活动、学术成就等学术成长中关键节点和重要事件的口述资料、实物资料和音像资料完整系统地保存下来，对于充实新中国科技发展的历史文献，理清我国科技界学术传承脉络，探索我国科技发展规律和科技人才成长规律，弘扬我国科技工作者求真务实、无私奉献的精神，在全社会营造爱科学、学科学、用科学的良好氛围，是一件很有意义的事情。采集工程把重点放在年龄在 80 岁以上、学术成长经历丰富的两院院士，以及虽然不是两院院士、但在我国科技事业发展中作出突出贡献的老科技工作者，充分体现了党和国家对老科学家的关心和爱护。

自 2010 年启动实施以来，采集工程以对历史负责、对国家负责、对科技事业负责的精神，开展了一系列工作，获得大量反映老科学家学术成长历程的文字资料、实物资料和音视频资料，其中有一些资料具有很高的史料价值和学术价值，弥足珍贵。

以传记丛书的形式把采集工程的成果展现给社会公众，是采集工程的目标之一，也是社会各界的共同期待。在我看来，这些传记丛书大都是在充分挖掘档案和书信等各种文献资料、与口述访谈相互印证校核、严密考证的基础之上形成的，内中还有许多很有价值的照片、手稿影印件等珍贵图片，基本做到了图文并茂，语言生动，既体现了历史的鲜活，又立体化地刻画了人物，较好地实现了真实性、专业性、可读性的有机统一。通过这套传记丛书，学者能够获得更加丰富扎实的文献依据，公众能够更加系统深入地了解老一辈科学家的成就、贡献、经历和品格，青少年可以更真实地了解科学家、了解科技活动，进而充分激发对科学家职业的浓厚兴趣。

借此机会，向所有接受采集的老科学家及其亲属朋友，向参与采集工程的工作人员和单位，表示衷心感谢。真诚希望这套丛书能够得到学术界的认可和读者的喜爱，希望采集工程能够得到更广泛的关注和支持。我期待并相信，随着时间的流逝，采集工程的成果将以更加丰富多样的形式呈现给社会公众，采集工程的意义也将越来越彰显于天下。

是为序。

总序二

中国科学院院长　白春礼

　　由国家科教领导小组直接启动，中国科学技术协会和中国科学院等12个部门和单位共同组织实施的老科学家学术成长资料采集工程，是国务院交办的一项重要任务，也是中国科技界的一件大事。值此采集工程传记丛书出版之际，我向采集工程的顺利实施表示热烈祝贺，向参与采集工程的老科学家和工作人员表示衷心感谢！

　　按照国务院批准实施的《老科学家学术成长资料采集工程实施方案》，开展这一工作的主要目的就是要通过录音录像、实物采集等多种方式，把反映老科学家学术成长历史的重要资料保存下来，丰富新中国科技发展的历史资料，推动形成新中国的学术传统，激发科技工作者的创新热情和创造活力，在全社会营造爱科学、学科学、用科学的良好氛围。通过实施采集工程，系统搜集、整理反映这些老科学家学术成长历程的关键事件、重要节点、学术传承关系等的各类文献、实物和音视频资料，并结合不同时期的社会发展和国际相关学科领域的发展背景加以梳理和研究，不仅有利于深入了解新中国科学发展的进程特别是老科学家所在学科的发展脉络，而且有利于发现老科学家成长成才中的关键人物、关键事件、关键因素，探索和把握高层次人才培养规律和创新人才成长规律，更有利于理清我国科技界学术传承脉络，深入了解我国科学传统的形成过程，在全社会范围内宣传弘扬老科学家的科学思想、卓越贡献和高尚品质，推动社会主义科学文化和创新文化建设。从这个意义上说，采集工程不仅是一项文化工程，更是一项严肃认真的学术建设工作。

　　中国科学院是科技事业的国家队，也是凝聚和团结广大院士的大家庭。早在1955年，中国科学院选举产生了第一批学部委员，1993年国务院决定中国科学院学部委员改称中国科学院院士。半个多世纪以来，从学部委员到院士，经历了一个艰难的制度化进程，在我国科学事业发展史上书写了浓墨重彩的一笔。在目前已接受采集的老科学家中，有很大一部分即是上个世纪80、90年代当选的中国科学院学部委员、院士，其中既有学科领域的奠基人和开拓者，也有作出过重大科学成就的著名科学家，更有毕生在专门学科领域默默耕耘的一流学者。作为声誉卓著的学术带头人，他们以发展科技、服务国家、造福人民为己任，求真务实、开拓创新，为我国经济建设、社会发展、科技进步和国家安全作出了重要贡献；作为杰出的科学教育家，他们着力培养、大力提携青年人才，在弘扬科学精神、倡树科学理念方面书写了可歌可泣的光辉篇章。他们的学术成就和成长经历既是新中国科技发展的一个缩影，也是国家和社会的宝贵财富。通过采集工程为老科学家树碑立传，不仅对老科学家们的成就和贡献是一份肯定和安慰，也使我们多年的夙愿得偿！

　　鲁迅说过，"跨过那站着的前人"。过去的辉煌历史是老一辈科学家铸就的，新的历史篇章需要我们来谱写。衷心希望广大科技工作者能够通过"采集工程"的这套老科学家传记丛书和院士丛书等类似著作，深入具体地了解和学习老一辈科学家学术成长历程中的感人事迹和优秀品质；继承和弘扬老一辈科学家求真务实、勇于创新的科学精神，不畏艰险、勇攀高峰的探索精神，团结协作、淡泊名利的团队精神，报效祖国、服务社会的奉献精神，在推动科技发展和创新型国家建设的广阔道路上取得更辉煌的成绩。

总序三

中国工程院院长　周　济

由中国科协联合相关部门共同组织实施的老科学家学术成长资料采集工程，是一项经国务院批准开展的弘扬老一辈科技专家崇高精神、加强科学道德建设的重要工作，也是我国科技界的共同责任。中国工程院作为采集工程领导小组的成员单位，能够直接参与此项工作，深感责任重大、意义非凡。

在新的历史时期，科学技术作为第一生产力，已经日益成为经济社会发展的主要驱动力。科技工作者作为先进生产力的开拓者和先进文化的传播者，在推动科学技术进步和科技事业发展方面发挥着关键的决定的作用。

新中国成立以来，特别是改革开放30多年来，我们国家的工程科技取得了伟大的历史性成就，为祖国的现代化事业作出了巨大的历史性贡献。两弹一星、三峡工程、高速铁路、载人航天、杂交水稻、载人深潜、超级计算机……一项项重大工程为社会主义事业的蓬勃发展和祖国富强书写了浓墨重彩的篇章。

这些伟大的重大工程成就，凝聚和倾注了以钱学森、朱光亚、周光召、侯祥麟、袁隆平等为代表的一代又一代科技专家们的心血和智慧。他们克服重重困难，攻克无数技术难关，潜心开展科技研究，致力推动创新发展，为实现我国工程科技水平大幅提升和国家综合实力显著增强作出了杰出贡献。他们热爱祖国，忠于人民，自觉把个人事业融入到国家建设大局之中，为实现国家富强而不断奋斗；他们求真务实，勇于创新，用科技为中华民族的伟大复兴铸就了辉煌；他们治学严谨，鞠躬尽瘁，具有崇高的科学精神和科学道德，是我们后代学习的楷模。科学家们的一生是一本珍贵的教科书，他们坚定的理想信念和淡泊名利的崇高品格是中华民族自强不息精神的宝贵财富，永远值得后人铭记和敬仰。

通过实施采集工程，把反映老科学家学术成长经历的重要文字资料、实物资料和音像资料保存下来，把他们卓越的技术成就和可贵的精神品质记录下来，并编辑出版他们的学术传记，对于进一步宣传他们为我国科技发展和民族进步作出的不朽功勋，引导青年科技工作者学习继承他们的可贵精神和优秀品质，不断攀登世界科技高峰，推动在全社会弘扬科学精神，营造爱科学、讲科学、学科学、用科学的良好氛围，无疑有着十分重要的意义。

中国工程院是我国工程科技界的最高荣誉性、咨询性学术机构，集中了一大批成就卓著、德高望重的老科技专家。以各种形式把他们的学术成长经历留存下来，为后人提供启迪，为社会提供借鉴，为共和国的科技发展留下一份珍贵资料。这是我们的愿望和责任，也是科技界和全社会的共同期待。

周立伟

2017 年 10 月 7 日，周立伟和采集小组成员在浙江诸暨藏绿村合影
（前排右二起：马丽、周立伟、姚文莉、周霞；后排右一：赵琳）

2019 年 3 月 29 日，胡晓菁在上海采访周立伟的同学陈锡昌（右）

序

　　周立伟院士是我国著名的电子光学与光电子成像技术专家，是我国成像电子光学理论的开拓者与奠基人。我与他认识多年，常在一起开会，参加学术活动。他人品高尚，学识精深，是我很敬佩的一位专家。得知他的传记《寻找黑夜之眼：周立伟传》即将出版，我很高兴。这本传记通过描写周立伟院士的学术成长经历，完整地展现了他勤奋探索成像电子光学与夜视技术的科研和教学事业的精彩人生。

　　周立伟于 1953 年 10 月进入北京工业学院（现北京理工大学）学习，毕业后留校创建夜视技术专业。20 世纪 60 年代初期，他赴苏联列宁格勒留学，当时他的指导教师希望他改变研究方向；但他不改初衷，坚持研究变像管与像增强器的电子光学，终于依靠自己的努力，在成像电子光学的研究上有重大突破，后被国际学术界认为创立了自己的科学学派。

　　关于周立伟一生的经历和成就，相信每位读者读完本书后，都会有自己的认识和体会。就我个人而言，他给我的深刻印象可以概括为以下四点。

　　第一是为人。周立伟一生以"善良、诚信、干练、正直、坚毅、自律"十二个字要求自己。善良与诚信源自他父亲的教导：为人要有一颗恻隐之心，帮助他人，善待他人，厚道诚信，尊敬师长，要记住并报答帮助过自己的人，滴水之恩，当涌泉相报。干练与正直源自他母亲的教导：行事正义，同情弱者，光明正大，为人正派，什么也不用害怕。坚毅与自律是他在学校和社会中培养和磨炼的，是为人处世内在的力量：做学问，要有坚持和毅力，要有把事情干到底的决心；自律是对自己处处严格要求，清廉自守，不欺暗室，仰不愧于天，俯不怍于人。他时刻以此十二个字要求自己，反省自己。

第二是感恩。周立伟永远记得，他在北京上大学和在苏联列宁格勒留学一年的花费分别相当于 10 位和 30 位中国农民一年辛勤劳动的收入，他所获得的知识和荣誉来之不易。他从青年时代起，就立誓要努力工作、回报社会，任何骄傲和自大、奢侈和浪费都是可耻的。他以"仰不愧于天，吾视富贵若浮云；俯不怍于人，不以贫贱挠志气"为座右铭，勉励自己努力奋斗去实现人生的理想，使自己昂然屹立于世。

第三是奋斗。周立伟在苏联留学期间的科学探索，是在孤立无援、完全依靠自己的情况下进行的。他向我们描述："在列宁格勒谢德林图书馆的日日夜夜，累了打个瞌睡，渴了喝口凉水，饿了啃块面包。对每一个问题的探索，不知涂抹了多少张草稿纸，才得到问题的答案。"他坚持不懈地奋斗，带领团队获得了国际电子光学学术界高度的赞誉。

第四是质疑。在科学研究中、在指导学生的过程中，周立伟十分崇尚王大珩先生提倡的"求真、务实、探索、创新"的科学精神。他认为，批判和质疑是我们民族长期以来在文化传统和科学教育上普遍缺乏的一个大问题，唯有批判和质疑才能使科学技术得到进步。在科学研究中，既要锲而不舍、追求真理，又要实事求是，敢于修正错误；既要大胆质疑、敢于挑战，又要传承拓新，有所发现，才能使自己不断进步。

随着时代的变迁，传统光学在向现代光学与光子学发展，这是一个不断更新、提高和升华的过程。对科学的探索，是一件无穷尽的事。科学的未来，依靠的是青年一代科学人，你们要拥有勇于探索、不畏艰难的决心和勇气，才能攀登上科学的高峰！

是为序。

姜会林

中国工程院院士，应用光学专家

目　录

图片目录

导 言

　　周立伟，浙江省诸暨市藏绿村人，1932 年 9 月出生于上海，北京理工大学教授、博士生导师，电子光学与光电子成像技术专家，宽束电子光学理论的开拓者与奠基人，1999 年当选为中国工程院院士。周立伟多年奋斗在我国宽束电子光学、光电子成像领域教学与科研的第一线，在同心球系统与移像系统的电子光学、阴极透镜横向像差理论、宽电子束聚焦普遍理论、动态电子光学及时间像差理论、电子光学空间与时间传递函数、成像电子光学系统的设计与计算取得了一系列成就。他建立了宽电子束聚焦与成像较为完整的理论体系，其理论和方法应用于工程实践，为我国微光夜视行业由仿制转向自行设计和自主开发开辟了道路。

　　周立伟在艰难的岁月中坎坷成长。为躲避战火，一家人从上海逃难到老家藏绿村，幼时的经历令他对日本侵略者恨之入骨，他尤其向往国家强大和人民幸福。小学时期，在老师潜移默化的爱国主义教育中，周立伟知道了国家大义，同时也敬佩老师们在敌伪占领上海的铁蹄下仍然敢于教授学生们热爱祖国的崇高气节，这使他对教师这个职业产生了向往，对身为教师的责任有了初步的认识。

　　周立伟出生于一个普通的制药工人家庭，家里经济条件并不富裕，但家庭氛围十分和谐。父亲和母亲虽然都没有太多文化，但注重对子女言传身教，告诫子女要认真学习、踏实做人。父亲和母亲对周立伟的性格有很大影响，成年后他一直恪守兢兢业业工作、踏踏实实做人。

周立伟的求学之路几经辗转，中学时期先后在上海杨树浦教会学校、上海湘姚中学、上海恒茂中学、上海高桥中学这四所学校学习。他从小就喜欢学习，尤其喜欢理科。中学肄业后，周立伟报考了国立上海高级机械职业学校的机械制造科，在这里，他打下了扎实的机械专业知识基础，学会了制图，具备了较强的动手能力。1951 年 7 月，周立伟毕业后被分配到上海公私合营华通电机厂工作，参加工作一年后，他便掌握了生产技术，熟悉了生产流程。这期间，他还巧妙利用螺杆转动使漆包线进动绕线的原理，发明了绕扁平线圈的绕线车，将工作效率提高了 7.5 倍，上海市《劳动报》还专门对此进行过报道。经过这一阶段的实践，周立伟为他未来的科学研究埋下了一颗待发芽的种子。

1953 年 10 月，周立伟以工农调干生的身份考上了北京工业学院，就读于仪器系军用光学仪器专业 8531 班。学习国防科技专业，在某种程度上实现了他长久以来保家卫国的心愿。在学习过程中，周立伟认识到军用光学仪器是国家急缺的专业，也是需要重点发展的专业，他立志一定要把专业知识学好。在校期间，他与同学们珍惜时光，争分夺秒地认真学习。大学毕业后，周立伟因成绩优异被留校任教。他一边教学，一边筹建新的夜视专业，很快成长为专业骨干教师。夜视技术从此成了周立伟一生的事业。

1962 年 11 月，工作数年后的周立伟又开启了新的学习历程。他受国家派遣，前往苏联的列宁格勒乌里扬诺夫电工学院电物理系，学习夜视器件的电子光学理论与设计。然而，由于夜视技术在当时的苏联是一门保密学科，周立伟在学校求学受阻，只能靠自己学习，独立研究攻关。周立伟孤独地攀登科学高峰，他日夜坚守在列宁格勒谢德林图书馆，苦苦思索，终于在 1966 年初，在茹里叶教授等友善的苏联朋友的帮助下，完成了物理数学副博士学位论文《轴对称和球对称电子光学成像系统的像差理论》，在静电聚焦同心球系统的电子光学和阴极透镜的像差理论上有所突破。

回国以后，周立伟遇上了史无前例的"文化大革命"。在极端困难的环境下，他仍然坚持学习和工作，把自己在苏联的副博士论文翻译成中文，出版了《夜视器件的电子光学》教材，研究了同心球电磁聚焦系统的电子光学问题。即使是在"五七干校"劳动期间，他依然坚持学习英语和俄语，一有空就阅读工具书。1978年，他在《工程光学》上发表了论文《两电极同心球系统的电子光学》。同年，他率团出国参加由伦敦帝国理工学院召开的光电子成像器件国际学术会议和由兰克集团召开的电子成像国际会议，并在会上宣读了学术论文《同心球电磁聚焦系统的电子光学》。也是在这一年，他和方二伦、冯炽焘二位学者合作的"变像管电子光学系统设计程序"，荣获全国科学大会奖。

1993年，周立伟出版了学术专著《宽束电子光学》，在国内外学术界引起了很大反响，国际和国内该领域的专家给予此书很高的评价，被学界公认为是一部具有科学性、创新性与系统性的著作。该书的出版，标志着周立伟的宽束电子光学学派理论体系初步建立了起来。2000年10月，俄罗斯工程院选举周立伟为外籍院士，诺贝尔奖获得者、俄罗斯科学院院士、俄罗斯工程院首任院长普罗霍洛夫发来贺信，并在信中热情赞扬道："您创立了您自己的科学学派！"

周立伟醉心学术工作的同时，也投身于教书育人的事业。从毕业留校任教，到"文化大革命"期间给工农兵大学生上课，再到新时期担任研究生导师……半个多世纪以来，他培养或指导研究生五十余名，其中不少人成为光学领域内的领军人才。他的著作《科学研究的途径——一个指导教师的札记》，恰如其分地总结了他教书育人的经验和感悟。

2017年，中国科协启动了"周立伟院士学术成长资料采集工程"，北京理工大学图书馆马丽老师承担了这个项目，她多方组织人员全面搜集周立伟院士的学术资料，采集工作在资料搜集和学术研究方面都取得了很大的进展。课题组成员先后多次前往浙江、上海、西安等地收集周立伟院士的相关资料，访谈了周院士的家人、同学以及学生。

周院士大部分资料收藏于北京理工大学档案馆，他曾向北京理工大学图书馆捐赠大量手稿、信件，这些手稿大多写于20世纪五六十年代，既有他上大学期间的课堂笔记，也有他留苏期间的笔记及论文初稿，这些材料十分珍贵，客观地反映了周立伟在学术研究方面的思考过程及一些重要结论，反映了他学术成长初期的情况。值得一提的是，周立伟院士留存的手稿资料都经他亲手分类装袋，并清晰记录了时间及事由，可见周立伟院士做事十分细心。

目前，虽然有一些报道散存于报刊、网络中，但完整、详细记叙周立伟院士的学术生涯、学术成长的传记资料并不多。本传记遵循时间发展顺序的原则来叙事，根据传主的学术成长经历，全书脉络划分为如下：少年求学（第一、二章），学术奠基与起步（第三、四章），在困境中坚持教学（第五章），在学术上取得初步成果（第六、七章），科学跋涉（第八章），晚年生活（第九章）。

从周立伟院士已出版的大量著述中能看出，他是一位有着丰富人文情怀的科学家，不仅学问做得好，文字功底也好，是一位有思想、有内涵的电子光学专家。他不仅聚焦于本领域的发展问题，还对国家的教育、科学事业有很多有益的思考，包括他对"钱学森之问"有深意的思索，在当今的学术界十分难得。在本书撰写过程中，周院士也在潜心撰写自传，他给予了采集小组很多指导，毫不介意地把他写的文章、自传全部发给采集小组参考，这些都成为本传记写作的重要素材。周院士为本传记撰写提供了大量可利用的资料，他还亲自修改传记，提出了宝贵的意见。从周院士的文字中，我们深刻感受到：他是一位热爱祖国，热爱科学事业，以学识报效国家的科学家；他坚持言传身教，坚守教师的规范，为学校和社会培养了大量优秀人才；他坚持创新，创立和发展成像电子光学学派，在夜视技术领域作出了突出的贡献！

本传记由胡晓菁主笔，马丽做资料准备并撰写年表、整理全书图片。

第一章
故乡和家庭

藏 绿 周 氏

　　浙江省诸暨市五泄镇十四都藏绿村，依山傍水，树木环绕，风景极其秀美。晚清诗画家周师濂[①] 在《登避水岭入藏绿坞诗》中，用"万绿藏一坞，清翠扑衣冷；别有小天地，室庐与之静"的诗句描述了山村中的幽静生活。

　　诸暨藏绿，这座世外桃源一般的村庄，是周立伟心系神牵、始终眷念着的故乡。成年后便定居北京的他，把每日伏案读书写作的书斋取名"藏绿斋"，以寄托对家乡的思念和深厚情感。

　　周立伟怀念的不仅是故乡的青山绿水，还有它象征的精神世界。故乡永远是他的精神支柱，他把诸暨比作自己最爱的"根"。诸暨有优良的文化传统，历史上产生过无数可歌可泣的故事。

────────────

　　① 周师濂，字又溪，号竹生，会稽（今浙江绍兴）人。嘉庆六年（1801）拔贡。善书，工墨竹。著有《竹生吟馆诗钞》。

无论是过去，还是现在，当我一想起诸暨古越的祖先，便感到有无穷无尽的力量在支持着我。范蠡和西施，给我的缅怀并不是才子佳人的故事，而是他们卧薪尝胆、不计荣辱、不惧艰难、一心复国、功成身退、为民谋利的精神。家乡给我的启示是：会稽（今绍兴诸暨）乃复仇雪耻之乡，非藏污纳垢之地。古越诸暨人民心彪悍，爱憎分明，容不得半点奴颜屈膝；他们刚强不屈，以祖国的利益高于一切，顽强地为民族的生存奋斗。古越人百折不挠、砥砺前行的性格锤炼了今日诸暨人埋头苦干、不畏艰险、勇于拼搏、敢为人先的精神，这正是我需要学习和传承的。①

诸暨藏绿周氏，是当地有名望的大家族，村里 90% 以上的人都姓周。藏绿周氏历史悠久，出过很多名人，其中最出名的要数世高祖周敦颐。周敦颐（1017—1073），又名元皓，是北宋理学家，有传世佳作《爱莲说》："予独爱莲之出淤泥而不染，濯清涟而不妖，中通外直，不蔓不枝，香远益清，亭亭净植，可远观而不可亵玩焉。"莲花的高洁品性，是中国古代文人名士欣赏的品格，也是周氏一族世代奉守的行为规范。周敦颐在周姓历史上有特殊的地位，他的子孙绵延不绝，如总理周恩来、作家鲁迅，都是周敦颐的后人。在诸暨市藏绿村生活的周氏一族，尊周敦颐第二十四世孙周廷琮为始祖，世称清三公。大约在 1520 年（明正德十五年），周廷琮带着一家老幼，从宁波慈溪迁居到山清水秀的诸暨后，周氏一族便在藏绿繁衍子孙。周立伟是周廷琮的第十四世子孙。

诸暨藏绿周氏一族围绕着藏

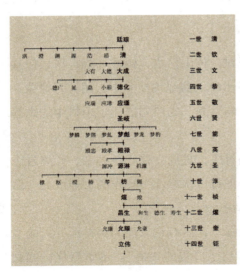

图 1-1　周立伟家族世系图

① 周立伟：诸暨，我的最爱我的根。2018 年 10 月，未刊稿。

绿村中心位置的周氏宗祠生活、繁衍，这座祠堂也是宗族的象征。周氏祖先由贩卖烟叶起家，宗族兴旺发达是到了明末清初周青山一代。这一代族人筚路蓝缕，经历千辛万苦，积累了一大笔财富。尤其是先祖周青山在有了钱财之后，回乡置办田产，鼓励子孙读书，花大力气兴旺了家族，从而令周氏子孙世代有了依靠。子孙们牢记先辈的期盼和叮嘱，耕读传家，周氏一族规模不断壮大。约莫又历经了百年艰辛，在宗族有了一定的规模以后，1678 年，族人凑了一笔钱营造这所祠堂，用来供奉祖先，传承周氏训诫。这所古建筑形式精美巧妙，记载了周氏一族的兴衰荣辱，极具历史文化价值，如今也是当地著名的文化景致。

　　周氏宗祠也是周立伟印象深刻的地方，他小时候经常在这里玩耍，成年后每次回到家乡也要先来这里拜谒祖先。周氏宗祠建造的时候讲究的是依山傍水、风水贯通，宗祠前面挖了一口大水塘，四周青山环绕，为的是前有财源（水喻财），后有依靠（山），庇佑子孙世代安康富庶。宗祠前设有一处名为"道地"的小广场，广场立有高高飘扬的旗帜，东西两侧有罩墙拦围，地面是青石板，每有大事，族长便在此处召唤族人前来聚集。祠

图 1-2　诸暨藏绿周氏宗祠

第一章　故乡和家庭　　7

堂正门前的东西两壁各镶嵌了刻有"诗书世泽""忠孝诒谋"的石匾，意在教化族人读书上进，为国尽忠。走进宗祠的正门，入目的便是一座名为"万年台"的高高戏台，每逢年节和庆典，祠堂里便有戏班来演戏，全村人都来观看，热闹非凡。正对戏台的是宗祠的正厅中堂，建有巨大的立柱和大梁，刷上红漆后更显得祠堂气势非凡。祠堂内的梁上和四周墙壁悬挂有"一门四捷""急公勤事""传旨嘉奖"等字样的匾牌多达 96 块，多为历朝族内英贤题赐。在族人眼里，每块匾牌背后都有周氏族内一位贤人义士的故事，这些都象征着宗族悠久的历史和光辉的荣耀。祠堂后厅是供放灵牌（"神主"）的地方，肃然静幽。祠堂两侧分别是左边的义学和右边的义仓，旨在用宗祠的田产济困助学、储粮备荒，既有长远打算，又可应付不时之需。这所祠堂的建设体现了周氏祖先的高瞻远瞩，以及对后世子孙的庇佑与期望。周氏子孙环绕宗祠集居，族民房屋相连，每个家庭住宅都建筑了高墙，大门都是用硬木铸成，并刷有桐油和石灰，坚固无比。一旦有山匪恶霸入侵，家家户户便关起门来，以宗祠为大门便形成了一座坚固的堡垒。特殊的建筑形式反映了周氏一族紧密团结的面貌。周氏一族人口最多的时候有六七十户，200 余口人。

封建社会士农工商，等级森严。藏绿周氏在积聚了一定财富之后，为改良家族地位，族内长辈便兴办起了族学，延请四方因种种原因未走仕途的举子、秀才前来授课，悉心教养族中子弟。藏绿村有重视读书的传统，村民家中但凡有余财，都会努力让子弟进学。据统计，仅清一代，这个仅数百人的村落，就出了进士 4 名、翰林 2 名、举人 23 名、贡生 13 名。其中一个证据便是，在周氏祠堂里，有一块"一门四捷"的牌匾，这块匾额记录着当年族内曾有四位子弟在全国考试中同时中举的史实。辛亥革命胜利后，村里的私塾改名为学堂，小小的村庄当时就有郁文小学、凤徽学堂、敦本学堂等七所小学，促进了当地的启蒙教育和基础教育，提高了村民们的文化素质。民国初年，曾担任过浙江省参议员的周氏族人周淼亭因在乡兴教办学名盛一时，1911 年由族人周彬甫出资建成凤翔学堂，学堂是一座四合院式的建筑，占地数亩，门窗台阶均由鸡冠山青石镶嵌，廊檐梁柱或雕着花草虫鸟，或镂刻历史人物，由东阳工匠花整整 3 年时间雕刻而成，俨然一个工艺博物馆，凤翔学堂也因此名盛一时。当时的大总统徐世昌为之亲题"敬教劝学"匾额，并授以一等金色"嘉祥章"，荣耀一时，这更是促进了当地的办学风气。当地提倡读书的传统，促使周氏家族历史上名人辈出，例如南溪知县周春溶、翰林周炳鉴以及同治朝的周绍达、周绍适兄弟等，还有清诰赠朝议大夫、户部山东司员外郎周睦堂和翰林院编修、道光壬辰会试正科四十四名的进士周炳鉴，等等，这是诸暨周氏的荣耀，也是周立伟引以为自豪的先祖们。

周立伟家的老宅，就在周氏宗祠东侧不远处。住宅外面建有高高的围墙，岁月的沉淀和雨水的冲刷令围墙表面上长满了青苔。墙内是一幢砖木混合结构的二层小楼，一楼是堂屋和厨房，二楼用木板分隔出来的是周家人的卧室。楼前有个小小的天井，用来采光。天井的一角放了一口大水缸，储满了水，供日常洗漱和防火使用。院子角落种植着小葱和青蒜等一些日常取用方便的蔬菜。可惜的是，随着周家逐渐搬离诸暨，在周家祖宅居住的人口日益减少，周家便把祖宅隔断出几间屋子来，半卖半送给了亲戚们居住，房屋规模渐渐缩小。到了 1979 年，因房屋长久无人居住，周立伟的父亲周吉民以 2000 元价格将剩余的祖宅房屋卖了出去，并将卖屋所得收入按照每家 500 元的安排平均分配给了妻子和子女。2019 年，周立伟购回部分老家祖宅，建成周立伟藏书阁，他把自己一生积累的图书资料都珍藏在自己的家乡。他还向家乡捐献了 50 万元，以支持当地的教育与慈善事业。

周立伟热爱故乡藏绿，常回到这里探望家乡的亲属，他视这里为周家繁衍生息的"根"，常常提醒孩子们"不要忘记自己的祖先"。他说自己是诸暨的儿子，也一直在支持族亲们为修建周氏宗祠及藏绿的古建筑群、宣扬濂溪文化所做的努力。2015 年春节，周立伟曾带着子女和晚辈们回藏绿"寻根"，带领他们参观周氏宗祠，介绍周氏祖先的历史。周立伟常说，周氏族人都不应该忘记先祖周敦颐《爱莲说》的教导，要做像莲花一样高洁的人，不要忘记自己是诸暨藏绿周氏的后代，更不能忘记自己是一个中国人！周立伟对故乡藏绿怀有深厚的感情，他始终眷念着这里的一草一木，关心藏绿子弟的成长。

上 海 一 家

　　周立伟的父亲周吉民（1903—1988）幼时家境贫穷，先在诸暨私塾念书识字，后来在村里兴办的小学堂里上学。但好景不长，他13岁时正好念到小学四年级，因为家贫实在支付不起学费，只好无奈辍学，去当地的一所中药铺里当学徒，希望学会中药炮制的手艺，出师以后有谋生手段，可以养家糊口。

　　出身贫家的周吉民从小不怕吃苦，在中药铺当学徒期间，他刻苦耐劳，每日早起晚睡。旧社会里的学徒，实际上就是店铺老板家的长工，也兼当了佣人，老板名义上包吃住，教一些手艺，但学徒并没有什么人权，更不谈什么薪水。周吉民吃的是店家剩下的残羹冷炙，老板一言不合打骂学徒也是家常便饭，日子一点都不好过。老板怕学徒学会了手艺，翅膀硬

图 1-3　1965 年周立伟（后排左二）与父母（前中）等全家合影

了就要走人，往往不肯倾盘教授。聪明一些的学徒通常是在日常的工作中默默观察，自己摸索，暗中学习。周吉民就这样依靠自己的勤奋努力，掌握了一手炮制中药片的好本领。

周吉民做学徒的日子可以说是吃尽了苦头。每日天没亮他就要起床，打扫店铺，拆卸门板，做好开店的准备工作，还要给老板全家人做好早饭。等一切事情都忙完了，老板家也吃完饭，自己才能匆忙吃上几口饭，他随便填填肚子便要马上上工。忙完一天的活计，夜晚关店了还要给老板家里做晚饭、洗衣服、打扫店面和主人家的卫生。待到一天工作结束，早已是深更半夜，疲惫不堪的他甚至没有一张温暖的床铺可以入眠，无论刮风下雨，他都只能在冰冷的地上铺一床薄薄的旧棉被充作床铺睡觉。为了学到手艺，周吉民默默忍受生活的磨难。

苦难中的周吉民始终记得自己遭到老板无理对待的一件往事，这件事令他真实体会到旧社会里穷人谋生的不易和社会地位低下的苦楚：有一天晚上药铺结账时，老板发现账上少了一块大洋，便向周吉民追问钱的下落。一向老实的周吉民从来没有沾过账上的事，根本不清楚钱财的去向。老板大怒，不但责打了他，还罚他跪在一幅赵公元帅的画像前，非要他说出钱的下落。赵公元帅是财神，过去做生意的人家常供奉他的画像，老板"失了财"，便让小伙计跪在财神像面前反省。周吉民在冰冷的地面上大概跪了一个小时，才想起来是老板娘白天拿了柜台一块大洋给儿子去买吃的了，而且当时老板也在场。周吉民便赶紧把此事告诉了老板，希望能早点结束体罚，没想到老板听完后扬手又给了他一巴掌，嘴里还说道："你何不早说！"[1] 周吉民受到了老板无理的对待，但他只能把委屈往肚子里咽，他无法多说半个字，因为这有可能遭到老板更严厉的责罚。

周吉民在小药铺里干满三年，出师时刚满 16 岁，按照拜师时立下的规矩，他还要继续留在老板店里帮工三年。为了遵守信义，也为了再多学点手艺，周吉民咬牙坚持下来，在老板的打骂中又多留了三年。直到 1923 年，年满 19 岁的周吉民再也不堪忍受老板家的打骂，他拒绝了老板的挽

---

[1] 周立伟：父母之恩，山高水深——怀念亲爱的父母亲。见：周立伟著，《藏绿斋札记：感悟人文》。北京：北京理工大学出版社，2016 年，第 177 页。

留，背着一把阳伞和一个仅装有两件换洗衣衫的小包袱，与外出打工的同乡一起，毅然离开了家乡诸暨，前往有着"十里洋场"之称的上海闯荡。人离乡贱，旧社会里贫苦人家出门实在不易，他们无法预测在失去宗族的庇佑和乡邻的帮助后，未来的路上将遭遇多少困难。周吉民作出离家的决定，已是暗暗下了决心：无论有多么艰难，一定要在上海闯出个样子来，让子孙后代过上有尊严的生活！

初到上海，周吉民落脚于上海杨树浦临青路一带，他凭一手炮制中药片的好手艺找到了一份工作——在一家名为同德堂的小药店当店员。同德堂是一家家庭药店，店面很小，仅雇了店员 2 人。周吉民身兼制药和店员两职，他不怕吃苦，手艺也好，总是抢着干店里最苦最累的活儿，对顾客也十分耐心，很快便赢得了老板娘乐氏的称赞，她十分喜爱和信任这个勤快的小伙子，把他当作自己的亲子侄一样对待。

周吉民到上海打了几年工，到了适婚年龄，经人介绍，认识了同是出身于贫苦人家，在上海给人当保姆谋生的王桂英。王桂英（1909—1992）是宁波象山人，早年来上海谋生，没有上过学，一个大字不识，但是为人十分善良，说话非常爽利。二人相识以后，诉说了彼此成长的背景和经历，感到很有共同语言，王桂英很佩服周吉民有一手制药的好本领。1928年，周吉民和王桂英喜结连理。

然而，就在办婚事的当头，周吉民产生了很大的烦恼。一穷二白的周吉民平时吃住都在店里，收入微薄，每月只留下吃饭穿衣的钱，剩下的都寄回老家奉养年迈的母亲，哪里还有积蓄操办婚事？两个年轻人在异乡无长辈呵护，虽然婚礼可以简办，但婚房总是要准备的，可是租房价格昂贵，更别提他能有余力去购买一间屋子。同德堂的老板娘乐氏听说后，主动把自家房屋二楼的后楼无偿借给周吉民作新房，还嘱咐他安心住下。另有一名当时在上海大业印刷公司工作的同乡陈士鸿也拿出一笔钱，让周吉民解燃眉之急。周吉民平时结下的好人缘，令他顺利置办下了婚礼用品和新房。从此，周吉民和王桂英在上海安了家，渐渐扎下了根来。

婚后，周吉民继续靠着在同德堂当店员的薪水养家糊口，王桂英不再外出工作，作为家庭主妇操持家务。小两口结婚后，有很长一段时间居住在同德堂的后楼，这是一幢不临街的小木楼的二层，亭子间结构，十分窄小，屋里除了小两口的日用杂物，便只有一张床。就在这间小小的屋子里，他们生儿育女，度过了很长的时光。周吉民夫妇的第一个孩子生于1930年8月16日，是一个可爱、漂亮的女儿，取名周月青。周立伟出生于1932年9月17日，是家里的第二个孩子。关于他的出生，《周氏族谱》还有一条记载："奎千四百廿八公长子　巨千四百九十名立伟　民国廿一年壬申八月十七日巳时生"。周立伟的弟

图1-4　周氏族谱有关周立伟出生的记载

弟周立法，生于1934年9月9日，成年后在上海市轻工业局从事外事工作。

　　周立伟是家庭的长男，父母对他寄予厚望，在他出生后父母希望给他取一个响亮的好名字，寓意他的未来前程光明、生活富足。但是周吉民和王桂英都没念过书，正发愁不知如何取名，恰好同德堂店主乐氏的女儿周剑雄前来探望。周剑雄的小名叫阿定，人称"阿定阿伯"，她是王桂英的好姐妹，思想很新潮，十分崇拜鉴湖女侠秋瑾，经常在家里舞刀弄剑，还给自己取了"剑雄"这样一个男性名字。抗日战争开始后，她便报名参军，上战场杀敌，实现了自己的侠义梦。周立伟这一辈在诸暨藏绿周氏宗祠属"立"字辈，周剑雄便建议取名"立伟"，"伟"有卓越、高大的意思。周剑雄说让孩子长大后好好读书，将来当"大总统"。周剑雄之所以这样说，是因为那时候总统变换频繁，人们觉得当总统也很平常，便常常开玩笑恭喜别人家的孩子将来当"大总统"，这也是对孩子们将来有远大前程的良好祝愿。周剑雄很喜欢周立伟，在他长大一些后，常给他讲秋瑾女侠

为推翻清朝政府建立民国，杀身成仁、舍生取义的故事，这使周立伟从小心中就常怀侠义之气，他很是敬慕秋瑾女侠。

在周立伟的记忆中，父亲对他十分宠爱，常把年幼的他驮在肩膀上，带去自己工作的地方玩耍。父亲的同事们看见了，都亲切地唤一声"周吉民的妮子（上海话，即儿子）来了！"周立伟小时候长得十分可爱，又很乖巧，长辈们都很喜欢他，常有父亲的同事抱着他，逗他玩，要周立伟拜他们做"过房爷"（干爹），但疼爱儿子的周吉民每次听到都坚决不让孩子答应，他待儿子如珠似宝，生怕儿子认了干爹就被别人抢了去，因此即便是别人逗趣的话他也总是很较真地一口回绝。周立伟回忆说："直到我成年，到父亲的作坊去，一些老师傅不知道我的名字，依然叫我'周吉民的妮子'。"①

周立伟从小受父亲和母亲的影响很深。他眼中的父亲，善良、亲切、乐于助人、知恩图报，群众关系很好，经常有人愿意帮助他，他也乐意回报他人。例如周吉民结婚的时候，同乡陈士鸿雪中送炭，给他提供了小家庭的启动经费，这份恩情周吉民一直牢记在心。1937年日本侵占上海后，陈士鸿就职的大业印刷公司被迫关闭，陈士鸿只好回到乡下，周吉民知道陈家经济困难，便时常汇钱给他，帮他渡过难关；1945年抗日战争胜利后，周吉民又把陈士鸿从乡下接来上海，重新回到大业印刷公司。若干年以后，陈士鸿的侄子到上海谋生，周家人也是热情接待，他和周家人一起挤居在不到12平方米的阁楼里，周吉民还给他找了一家工厂当学徒做铜匠（钳工）。20世纪50年代初，当得知同德堂店主乐氏孤身一人无人照顾，周吉民便把她接到家中作为自己的长辈，与全家住在一起，直到60年代初她逝世为止。感恩和报恩、帮人和行善是周吉民一生行事的准则，也是父亲给周立伟最大的教育。周吉民总是尽心尽力，千方百计去帮助人。他和孩子们说：人家对我好，我要待人家更加好！

抗日战争胜利前夕，同德堂药店因经营不善倒闭，周吉民不幸失业，为了一家人的生计，他不得不四处搜罗一些杂货，外出摆地摊谋生。那时周吉民父子"合作"做生意：周吉民负责张罗生意，周立伟负责放哨——

---

① 周立伟：父母之恩，山高水深——怀念亲爱的父母亲。见：周立伟著，《藏绿斋札记：感悟人文》。北京：北京理工大学出版社，2016年，第177页。

防范伪警察来抓人收货。周立伟远远看见伪警察过来了，就一边飞奔一边大呼："警察来了！"周吉民闻声便飞快卷起货物逃跑，等伪警察走远了，他再返回来继续摆摊。但因为周吉民性格太老实，不会做生意，尤其不会和人讨价还价，所以常常亏本而归。王桂英也是一边照顾家里，一边想办法补贴家用。她厨艺不错，有时候做一锅酒酿丸子在家门口叫卖。但因为邻里生活也艰难，大家没有闲钱外出买吃食，周家的酒酿丸子生意并不好，常常是摆了一天卖不出几份，最后只能自家人当晚饭和宵夜吃掉。后来一算账，摆卖酒酿丸子不但挣不了钱，反而还亏了本，这桩生意也只好作罢。周家人没了收入，生活一度非常困难。又要养家糊口，还要给老家亲人寄送钱物，入不敷出，周吉民夫妇整天愁眉苦脸。尽管生活艰难，周吉民夫妇宁可自己节衣缩食，也从未让子女们挨过饿。得益于周吉民常与人为善，他在本地名声好、人缘好，有一位开印刷作坊的叫方庆和的店主，得知了周家的困难后主动前来帮忙。方店主告诉周吉民说自己认识童涵春堂的账房先生（即经理），可介绍周吉民到那里做工，并自愿作为保人。

童涵春堂国药店是上海知名的一家老药房，创办于清朝乾隆年间，店主人姓童，这是一家家族世代经营的店铺，经营范围很广。1949年后，药店公私合营，仍然保持传统经营特色，以人参再造丸、制首乌和"涵春牌"冬虫夏草等特色中药闻名，且以制药加工技术精良著称。童涵春堂至今仍在营业，在上海有多家分店，已是上海国药业四大户之一。

在当时，替人作保要担负很大的责任，既要保证被保人身家清白，又要保证他们在做工的过程中不犯错误、不损失店家的钱财，一般的老百姓是不愿意替人作保的。周吉民日积月累的好口碑，让方庆和信任他的人品，为他欣然作保。周吉民从此有了一份稳定的工作，让全家人在最困难的时刻免于饥饿。周吉民对方庆和万分感激，他永远铭记这份恩情。每年春节，父亲都要带着周立伟和弟弟一起到方家拜年，兄弟俩给方庆和伯伯跪下叩头，以表示全家人的感激之情。周立伟记得，自己成年后有一次去拜访方庆和老伯，方老伯说自己一辈子给许多人"敲图章"（即介绍工作），受到大家的感激，但没有一个人像周吉民如此念念不忘。方庆和由衷地赞叹：周吉民真是太有情义了！

在以后的人生岁月里，周立伟每每回忆起父亲，很多时候想起的都是父亲乐于助人的往事，他总是说："父亲一生给我的启示是，帮助人和做好事、善事是天经地义、不能炫耀的，这是他的人生哲学。但若受到人家帮助，就不可以忘记人家，要报答人家。……特别是，父亲屡屡告诉我们要自立自强，要有独立生存的能力，自己能做的事，一定要自己去做，不要麻烦人家；自己能帮的事，一定尽心尽力去帮。"[①]

周家人相处十分融洽，父母都很疼爱孩子们，在父亲眼里，儿女们永远都是孩子。成年以后，周立伟每次离开上海，父亲都要用扁担挑着行李送他到火车站，回想起父亲挑着扁担离开的背影，周立伟心中十分感怀。

周立伟一直把父亲当作自己人生中最好的榜样，父亲努力工作的样子令他印象深刻。那时候药店规定的上班时间是八点，但周吉民每天六点多就开始工作了。他一直到七十多岁还总是要给自己找点事干，常常去帮助街道维持交通，当义务指挥员。年迈的周吉民为响应街道的积肥号召，每天都要去马路上捡烟头，因为他听说烟头也是很好的肥料；为此他还专门做了一个捡烟头的工具，把捡来的烟头用报纸仔细包好，叠得方方正正放

图 1-5　母亲王桂英

在口袋里，带回来交给街道。周立伟记忆中有一件趣事就是关于父亲捡烟头的：父亲每次去捡烟头都要走很远，有一年的大年初二，他走得实在太远了，便坐了无轨电车回家，下车后发现放在裤子口袋里的那包烟头竟被偷走了。他哈哈大笑说："要是小偷发现自己偷的不是钞票，而是一包香烟屁股，一定会大呼倒霉，大骂我这个死老头了。"

母亲王桂英皮肤白、眼睛大，戴一副度数很深的眼镜，看起来文雅又秀气。母

---

①　周立伟：父母之恩，山高水深——怀念亲爱的父母亲。见：周立伟著，《藏绿斋札记：感悟人文》。北京：北京理工大学出版社，2016 年，第 177 页。

亲虽然没读过书，但是很聪明，上海解放后，她响应政府的号召，走出家门，参加了街道的工作。这份工作是群众自发组织的，没有报酬，但王桂英十分积极，她先是负责街道的清洁卫生，后来又协助街道做安全保卫工作。她做事有板有眼，条理清楚，有很强的工作能力。那时候传达上级部门的指示和精神，多是靠宣传人员的口耳相传，王桂英虽不识字，但记性好，悟性又强，无论什么事只要听别人讲一遍，她就记得很清楚。遇到街坊有什么纠纷，她也总是和颜悦色地去做工作，件件事都处理得有条不紊。渐渐地，街坊有什么为难的事情都拜托她去做，因为大家都觉得王桂英处事公正。

母亲在外面能干，在家里教育孩子也做得很好。她的教育方法是以身作则，从不打骂，也不讲大道理。孩子犯了错，她也不发脾气，而是想办法让孩子自己认识到问题，自觉改正。有一件事令周立伟体会到母亲教育方式的高明：那时候没有什么娱乐活动，老百姓闲下来经常聚在一起打牌，周立伟小时候常常去看人打牌，慢慢地自己也学着打起来。小孩子好动又没有自制力，只要四邻家里有人打牌，他听到便坐不住了，放下手里的书本就要往外跑。这件事母亲看在眼里，急在心里。王桂英怕儿子学坏，于是她想了个办法，要他主动改正错误。有一天，母亲带着周立伟拜访一位姓祝的朋友，周立伟称其"祝家姆妈"。祝家姆妈家里狭窄的堂屋正中间是一张麻将桌，四个人正在热火朝天打着麻将，屋里吆喝声、麻将声交织在一起，非常嘈杂。麻将桌不远的角落安放了一张床，一位青年正坐在床上，聚精会神地看一本厚厚的专业书，他沉浸在书本的世界里，丝毫没有受到外界的影响。这位青年正是祝家姆妈的大儿子，名唤慕高，他比周立伟大八岁，刚考上了上海交通大学建筑系，是一名高才生，平时学习十分刻苦，即使是周末回家休息也总是书不离手。周立伟很佩服慕高大哥这样热爱学习，母亲趁机教育他一定要向慕高大哥学习，用功读书。聪明的周立伟理解了母亲的良苦用心，回家后他主动向母亲保证，再也不看人家打牌了，长大后像慕高大哥那样做一个有出息的人。祝慕高后来去了北京，当上北方工程设计研究院（原中国兵器工业第六设计研究院）副院长。周立伟去北京上大学后，祝慕高更是对他十分关照，两人成为情深谊长的好友。

除了父母，周立伟对同德堂店主乐氏印象很深，周立伟称她"乐氏外婆"。乐氏十分疼爱周吉民的几个孩子，生活上照顾他们，给他们买好吃的，带他们玩耍。周立伟记得，乐氏外婆经常带着周立伟母子去虹口八埭头的一个小戏院看越剧，民众称"绍兴戏"，是从浙江嵊县（今嵊州市）等地传入上海的一种越剧。他们常听一个叫"的笃班"的戏班，剧情通俗易懂，唱腔婉转动听，乐氏外婆和周立伟母子都很喜欢。小时候看戏的情景，周立伟至今历历在目，甚至还记得戏班里的演员：

> 为首的演员是姚水娟、筱丹桂等，40年代中期，袁雪芬、范瑞娟、徐玉兰、傅全香等红起来了，人称"越剧十大姐"，她们对越剧进行大胆革新，这个地方剧种才大红大紫起来。我小时候看的绍兴戏，是一个乡下戏班子到上海演出的。舞台上并没有任何布景，演唱的都是才子佳人戏，无非是迎合上海小市民的戏，"落难公子中状元，私订终身后花园"那一套。我母亲和外婆每次观看她们的演出，都感动得掉眼泪。因为经常去看，她们也认识这些戏班里的演员——都是十四五岁的小姑娘，外婆和母亲甚至请她们到家中做客。①

周立伟和乐氏外婆很亲密，耄耋之年的他还记得乐氏外婆给他讲的故事。其中有一个故事，讲的是猪八戒为何越变越丑：原来猪八戒小时候并不丑，但是他经常犯错误，犯了错误又不改正；犯一次错误不改，猪八戒就变丑一次，一次又一次，猪八戒就越来越丑了。外婆借故事给孩子们讲为人处世的道理，小孩子犯了错，要及时改正，不然就会变得和猪八戒一样丑，长大就讨不到老婆了。周立伟把外婆讲的故事牢记在心，从此做事总是小心翼翼，不敢犯错误；一发现自己犯了小错误，他就要马上改正，还要大人监督，并且不敢再犯第二次，从而养成了事前思考、事后总结、做事仔细的好习惯。

周立伟关于幼时的记忆里，还有一件和上海底层人民的风俗和生活

---

① 周立伟：回忆母亲。2017年，未刊稿。

相关的事。周立伟小时候很瘦弱，经常生病，8 岁时还曾被自行车撞了，脸也破相了。父母担心孩子夭折，请来算命先生。算命先生说孩子的命不好，活不长，要过继给别人，借别人的福气才能长命百岁。周吉民舍不得，但又忧心儿子的身体。当时母亲王桂英的舅舅在张罗成立一个名为"关帝会"的帮会性质的群众组织，参加的人都是上海最底层的劳苦大众，比如黄包车夫、澡堂的搓背师傅、理发师傅、烧饭师傅、扫街师傅和个别产业工人。他们不识字，谋生艰难。那时候"文有孔夫子，武有关夫子"，民间对关云长的神力深信不疑，底层群众常常通过这样的组织抱团，扩大力量，形成一种互帮互助的模式。王桂英的舅舅提议让孩子参加"关帝会"，拜关云长为义父。周吉民于是捐了香火钱，让周立伟参加"关帝会"，祈求关老爷保佑他一生康健无忧。周立伟记得，1944 年 1 月和 5 月，母亲曾带着自己参加"关帝会"的聚会，和民众一起纪念关云长。当时香火旺盛，来了许多人，大家聚在一起大吃大喝，相当热闹。母亲拉着他，虔诚地给关云长的塑像磕头，祈求神明保佑。年幼的周立伟心中已有侠气，听大人们讲关云长的故事，非常崇拜，为自己有这样一位"义父"感到光荣。

幼年的爱国启蒙

1937 年，日本侵占上海，民众纷纷四处逃难。周吉民要养家糊口，无法逃离上海，就让妻子带着孩子们先回老家。王桂英带着 5 岁的周立伟和 3 岁的弟弟周立法，背着一个小包袱，夹杂在逃难的人群中，依依不舍地告别丈夫，坐船离开了上海，回到诸暨藏绿。

周立伟在藏绿村老家居住了近一年，每日青山绿水为伴。藏绿村那时未受战火波及，人们安静度日，仿佛一方世外桃源。周立伟常常和小伙伴们去祠堂前面的水塘里捞小鱼、抓小虾，还跑去山里玩耍，听山间鸟鸣、看瀑布飞泻，有时候绕着祠堂的房屋巷道玩捉迷藏的游戏。晚饭后是最闲

图1-6　周立伟4岁照

适的时光，村里的长辈向孩子们讲述周氏家族的先烈英雄，告诉他们周家祖上有过的辉煌往事，还讲范蠡和西施的故事……这是周立伟的启蒙时期，他在周氏祠堂里和宗族的同龄孩子们一起读书、写字，真是一段无忧无虑的快乐时光。

　　1938年，上海局势稳定了一些，父亲把妻儿接回上海。不久后，周吉民便把已到上学之龄的周立伟送到培正小学念书。

　　周立伟读小学正是日军侵华战争时，上海沦陷，年幼的他就目睹了不少社会乱象。他清楚记得，1944年左右，有一次，周吉民正在乐氏外婆的药店盘点，一个地痞前来捣乱，想要趁火打劫，捞些好处。遭到拒绝后，地痞口出不逊，用恶毒的言语辱骂乐氏外婆。周吉民上前和地痞争执起来，推搡之下打了地痞一个耳光。地痞恼羞成怒，扬言自己在日本宪兵队有人，要找人把周吉民关进监狱里！周家人吓坏了，害怕周吉民被日本人抓走，要他赶紧逃跑，去外面避一避风头再回来。虽然后来周家找了中间人把事情平息下去，但是这件事令周家上下倍感愤怒：在中国人自己的地盘上，日本人颠倒黑白，坏人还要把好人抓起来，这是多么侮辱人的事啊！周立伟回忆说："小时候，父母对我最大的教育就是长大后不要当汉奸、卖国贼。这是最有辱家庭祖先的事。"[1] 父亲的亲身经历给孩子们上了爱国主义教育的一课。

　　关于日本侵占上海，周立伟的记忆十分深刻。那时的家对面就是码头，码头出入口都有日本兵站岗，他多次目睹日本兵虐待中国人：有日本兵用刺刀刺向货物，用枪柄打击中国工人，中国人在岗亭旁被罚跪，有的

----

① 周立伟：回忆父亲。2017年，未刊稿。

还被迫举着双手……这些场景让年幼的周立伟害怕和震惊，使他从小对日本侵略者十分痛恨。如今，在提到自己为何不到日本访问、访学，其原因便是儿时真实的所见所感。

> 我当然知道现在的日本人跟过去的日本侵略者不是一回事，不能混为一谈。但是，从80年代到现在，所有在日本召开的国际会议邀请我去宣读论文，或日本的公司请我参观，或日本的教授请我讲学，我都婉言谢绝。我心中有忘不掉的结，所以从来不愿到日本去。①

周立伟和弟弟周立法的小学都是在培正小学读的。几经变迁，如今这所学校的历史已不可考。据周立法回忆：培正小学离临青路的家不远，在一条弄堂里，学校规模不大，教员不多，学费也不高，学生多是临青路附近的小孩子。②

民国时期很重视教育，教育部设置的通行课程中，初等小学有修身、国文、算术、游戏体操等课程，有条件的学校还加设图画、手工和唱歌等课程；高等小学上修身、国文、算术、中华历史、地理、博物、理化、图画、手工、体操（兼游戏）。③ 即使是培正小学这样的里弄小学，该有的课程都不缺。在老师们的教导下，周立伟这个曾在乡间疯玩的小孩，渐渐学会了在课堂上认真听讲。虽然当时只有小学课本可以阅读，但他渐渐领略了书本的乐趣。民国时期的小学课本，多由像叶圣陶这样的名家编撰，课文浅显易懂，还有精美生动的配图，教导小学生们从课本中学会常识，认识自然，认识世界。周立伟尤其喜欢课本上优美的文字，例如：

> 杨柳枝，软绵绵，种在池塘边。
> 他呀，他是小黄莺的秋千。

---

① 周立伟访谈，2018年8月8日，北京。资料存于采集工程数据库。
② 周立法访谈，2019年3月28日，北京。存地同上。
③ 马镛：《传统与再生——中国私立和民办中小学的本土成长》。济南：山东教育出版社，2007年，第122页。

> 红菱叶，一片片，浮在清水面。
> 他呀，他是小青蛙的摇篮。
> 油菜花，朵朵黄，开在田中央。
> 他呀，他是小蜜蜂的工场。①

在那个战火纷飞的特殊年代，国难当头之下，上海的儿童教育是爱国人士考虑和探索的问题。当时日本侵略者推行奴化教育，要求占领区的孩子们学日语，但是爱国的中国教师们总是千方百计地希望学生们少受日本侵略者的影响。在这样的背景下，孩子们心里当然也是痛恨日本侵略者的。学校里爱国教师在教授课本之外，常给学生们讲中国传统的历史故事，教育他们从小具有民族气节。周立伟记得，老师讲苏武和岳飞的故事，教他们唱《满江红》《苏武牧羊》等歌曲；还有文天祥和史可法的英雄事迹，"人生自古谁无死，留取丹心照汗青"让他印象深刻。教师告诉这些还在上小学的孩子们，一定要牢记自己是中国人。如今回忆起来，周立伟非常感慨："长大后，我才理解我的小学老师们，知道了作为一个教师身上的责任：教师不仅是科学文化知识的传授者，更重要的是人文精神的传播者。"②

也正是因此，当周立伟听到广播里说起抗日战争胜利的消息，便飞快地跑回家中告诉妈妈，他高喊着："我们不再是亡国奴了！我们是中国人，我们打败日本鬼子了！我们胜利了！"他和小伙伴们开心地唱道："如今做一个中国人，抬起头来挺起了胸！"③抗日战争胜利的消息传来后，很多中国的小孩跑上街头追打日本的孩子和老人，发泄心中对侵略者的愤恨。周立伟也想去凑热闹，但被母亲阻止了。母亲说这些人是平民百姓，不是官兵；他们也很可怜，是受害者。周立伟回忆起来说："母亲总是这样善良。"

抗日战争胜利，日本无条件投降，这是周立伟一生中最快活的一段日子。

---

① 国语新读本（初小，1934年1月世界书局出版）。见：石鸥、吴小鸥编著，《百年中国教科书图说》。长沙：湖南教育出版社，2009年，第250页。

② 周立伟：回忆录。2020年4月，未刊稿。

③ 马联芳：《名校春秋》。上海：上海教育出版社，2010年，第332—333页。

第二章
少年求学路

辗转四所中学

1944 年秋，周立伟小学毕业，因为成绩好、品行优良，被上海杨树浦基督教中学免费录取。这是一所教会学校，设有专门教授基督教教义的日常课程，教师在课上宣扬"博爱"，带学生背诵《圣经》，教他们唱诵基督教的赞美诗，传授"爱人"和"爱大众"。周立伟至今还记得《使徒行传》这一章，尽管那时候他并没有什么宗教信仰，但很喜欢《圣经》里的故事。

周立伟在教会学校只读了半年，父亲周吉民去童涵春堂工作，周家搬离临青路，租住在西门路（现自忠路）122 号钟表店三楼的一间阁楼。离开教会学校后，周立伟先后就读过湘姚中学、恒茂中学、高桥中学。

当时中学教育的基本课程主要有公民修身、国文、外国语、历史、地理、数学、博物、物理化学、法律经济、图画、手工、乐歌和体操，学校根据教学条件还可以增设一些课程，如英语课、商业课。

周立伟在湘姚中学也只读了半年，1945 年 9 月，他又转学到恒茂中学。湘姚中学和恒茂中学都是弄堂学校，规模不大，教师不多，教学质量和办学条件都比较差，教学水平也很一般。这两所学校挨着上海滩著名的娱乐场所"大世界"，耳濡目染之下，学生们大多无心学习，一天到晚就想着出去闲逛。在这样的师资条件和学习环境下，周立伟学不到太多东西，学业日渐荒废。这样的情景，父母看在眼里、急在心里，尽管家境贫寒，父母还是在能力范围内给他找了一所较好的学校。1946 年 7 月，14 岁的周立伟从上海恒茂中学肄业，进入上海高桥中学念初三。

周立伟念初中时，周家的经济条件并不好。姐姐周月青小学毕业后，就辍学在家帮母亲打理家务；弟弟周立法也只读到小学毕业，经人介绍去一家药房当学徒补贴家用。周立伟也因此一度有辍学的念头，他想早点就业，减轻家里的负担。为了补贴家用，初二时的周立伟就曾瞒着父母，和同学们去"大世界"附近卖冰棍，那时候他年龄尚小，又是第一次外出做事，脸皮薄，壮着胆子学别人吆喝"棒冰、棒冰，5 分钱一根"，脸上却羞得红彤彤的。

图 2-1　周立伟（第一排最右面坐着的小孩）初三时和老师同学合影

上海市高桥中学位于上海远郊的浦东高桥镇，刚成立不久。周吉民之所以把周立伟送到高桥中学念书，一是从教学条件上，学校综合设施比较好，师资力量雄厚；二是从现实角度考虑，学校刚成立，招生要求不高，且由于位于远郊，各种费用较为低廉，周家的经济条件可以担负得起孩子的学费和生活费。

当时的高桥中学虽然刚刚正式成为一所公立中等学校，但其历史可追溯至清末宣统年间的私校"存心堂"。

> 高桥的现代教育亦发轫于李平书。1906年，李平书在高桥与乡董孙尔桂创办宝界小学堂，校长由孙尔桂兼任。宝界小学初设于高桥镇东街，租赁蒋姓房屋八间为校舍，1911年迁至镇中"存心堂"（今高桥中学大礼堂处）。因学校规模扩大，校舍不够用，于1922年新建平房十间（今高桥中学南大楼处），1931年又翻建西式两层楼一幢（今高桥中学朝阳楼处），同时在校内广种树木，筑湖心亭（今高桥中学岛亭），校园初具规模。尽管以后校名等又发生了诸多变动，但李平书存心堂办学的这段历史，一直被桑梓民众视为高桥中学百年沧桑的起始。[1]

抗日战争胜利后，高桥镇人、上海滩著名大亨杜月笙和时任上海高桥区区长钟玉良于1946年共同提请上海市教育局，希望在当地创办一所完全中学，并于1946年3月10日在存心堂的基础上，正式成立了上海市市立高桥中学，是当时上海的18所市立中学之一，杜月笙因此被称为学校的创始人。学校成立之初便已经有相当规模，包含13个教学班和500多名学生，首届学生主要来自附近的上海特别市市立第一中学和停办的私立清溪中学，以及从社会上招收的生源。当时的校长是国民党高桥区区党部主任陈月江。1960年，学校被列为首批上海市重点中学，现为上海市浦东新区示范性重点高级中学，并在2018年初通过上海市实验性示范性高中审批。

---

① 马联芳：《名校春秋》。上海：上海教育出版社，2010年，第327—328页。

图 2-2　上海市高桥中学校门

　　高桥中学位于浦东，家在浦西的周立伟只能选择住校，从家里往返学校要在十六铺码头乘船从黄浦江摆渡过去。这是周立伟第一次离开家，独立生活，他担心自己不适应集体生活，更主要的还是思念父母。

　　开学那天，母亲送他到学校，给他在宿舍内铺床、挂蚊帐，安顿好后，母亲要离开高桥回上海时，又反复嘱咐他要听老师话，好好读书，俩人分别时，周立伟在码头上抱住母亲大哭，舍不得母亲走。①

　　高桥中学环境优美，空气清新，校舍整洁，学校里有大片的绿树草坪和精致的亭台楼阁。学校离海滨不远，一到夏天，学生们都爱结伴去海滩游泳玩耍。学校里保留了一座明代永乐年间的宝山碑亭，这座御赐石碑是学校的宝贝，记录了吴淞一地在明代航海发展的历史。原来吴淞地区海岸

---

① 黑夜中为祖国擦亮眼睛——记中国工程院院士周立伟.《绍兴日报》，2008 年 1 月 10 日。

浪大风急，过往船只经常因为没有航向标而遇到海难。明代永乐年间，官民在高桥临海之塘筑了一座土山，"昼则举烟，夜则明火，海洋空阔，遥见千里"，作为吴淞口的一座原始航行标志，保障往来船只的安全；加上土山周围"树以嘉木，间以花竹，蔚然奇观"[①]，时人便称其"宝山"。明成祖朱棣得知，便以"御制"的名义为宝山立碑，记录了宝山的由来，示以褒奖。数百年过去了，当年堆土而成的宝山已被涨落的潮水冲坍，但永乐御碑却得以幸存，并最终保留在高桥中学内。1984 年，为了保护这座御碑，政府围绕这块碑堆砌了一座假山，并在假山上建造了一座仿古四角亭。

美好的校园环境令周立伟心旷神怡，学习劲头也很足。学校的老师很年轻，师生关系融洽，老师水平都很高，授业亲切而严格。周立伟记得一位名叫潘鼐的老师，1946 年秋担任周立伟班级的班主任兼物理课教师，同时还是高桥中学的训育主任。潘鼐于 1950 年离开高桥中学，转向建筑结构施工领域，取得很高的成就，成为上海市建工设计研究院教授级高级工程师，退休后从事中国天文学史研究，著有《中国恒星观察史》和《中国古天文仪器史》。

周立伟说自己那时候最崇拜潘老师，他学识渊博、为人和善。学业上遇到不懂的问题，他就去问潘老师，空闲时间也常去潘老师宿舍玩耍。潘老师有很多藏书，周立伟十分羡慕；潘老师也毫不吝惜地借书给周立伟，还与他讨论读书心得。周立伟在潘老师这里读了大量书籍。潘老师很喜欢好学聪颖的周立伟，曾赠送给他一句题词："知中庸之道，庶几可矣。"这句话是教导周立伟为人处世不能偏激，要学习儒家的中庸之道，做事不偏不倚、不急不躁，方能成就大事。周立伟对此十分受用，铭记在心，作为立身处世的一条重要原则。周立伟把潘鼐老师作为他求学时代最重要的启蒙者。潘老师不但教给他知识，也教会他做人，是他心中教师的标杆和榜样。离开高桥中学后，周立伟与潘鼐一度失去了联系，直到 2000 年才在同学的帮助下恢复往来，师生彼此都为再次相见而感到高兴和欣慰。2016 年 4 月 30 日，潘鼐老师逝世，享年 95 岁。

---

① 胡培炯：上海现存的亭台楼阁——亭。《文汇报》，2008 年 6 月 4 日。

高桥中学重视学生的德育，老师除了教授课本知识，还教育学生日常行为规范，帮助他们养成良好的品行。老师们常常在早会上领着学生们大声唱《毕业歌》，其中一句"同学们，大家起来，担负起天下的兴亡"令周立伟印象深刻。耳濡目染之下，周立伟和同学们早早便知道要争气、要奋斗、不能随波逐流的道理。

高桥中学鼓励学生们积极参加体育锻炼，有强健的体魄才能更好地为国效力。学校特意建设了一个足球场，供学生们日常锻炼。周立伟在读书时代就是个足球迷，他爱踢足球，还常常去观看学校足球队的比赛。

在高桥中学两年多的时间里，周立伟每天读书、踢球、游泳，无忧无虑。

> 这是他（周立伟）少年时代最美好的日子，以致后来周末都不想回家了。高桥镇上有许多土特产，其中他最喜欢的是高桥薄脆饼，又香又薄又脆，真是好吃。那时，他无论是学习上或是身心上都是朝气蓬勃，奋发向上的。尽管家里很穷，但志向还是有的，立志要报效祖国，为社会作贡献，但想得更多的是早日工作帮助家庭摆脱贫困。①

1948年秋，还在读高一的周立伟开始思索自己的未来，他想，即使自己读完了高中，家中也无力支持他读大学。因此，高一结束后，他便决定要结束自己的高中学习，转而去学一门技术或是找一份工作，早点减轻家里的负担。恰好有一位同学告诉他有一个单位在招收发报员，迫切想要得到一份工作的周立伟来不及了解这所单位的性质和情况，就前去面试。然而面试并不顺利，周立伟后来回想，这个单位可能是国民党的某一军情机构，当时面试他的是一名军人，他嫌弃周立伟身体瘦弱，没问几句话便立刻淘汰了他。周立伟的初次求职就这样失败了。求职受挫后，周立伟决定报考一所职业学校，踏踏实实学一门实用的技术后再找工作。

---

① 马联芳：《名校春秋》。上海：上海教育出版社，2010年，第332-333页。

1946—1948 年，正是国共内战的焦灼时期，民族的未来到了关键时刻。16 岁的少年周立伟站在人生的十字路口，因不知何去何从而彷徨苦恼。

国立高机的如歌岁月

回忆起 1948—1951 年在国立上海高级机械职业学校（简称国立高机，现已并入上海理工大学）的学习和生活，周立伟这样评价："回味在国立高机那段日子，真是青春年少，阳光灿烂，岁月不知愁啊！"[1]

> 1948 年秋，我离开了高桥中学，原因是家里穷，不能继续上高中了。……为了减轻父亲的负担，我决定考两个学校：国立唐山铁道专科学校和国立上海高级机械职业学校，一是毕业后可以有工作，二是这两个学校是国立的，学费和伙食费都是免费的。国立上海高级机械职业学校当时非常难考，40 取 1 的比例。后来，两个学校都录取了我。我就上了国立上海高机（今上海理工大学）。[2]

周立伟报考的国立唐山铁道专科学校和国立上海高级机械职业学校都是教授实业技术的学校，学生读书不要钱，毕业了还包分配。两所学校他都考上了，但由于当时北方战乱，最后他选择了在本地办学的国立高机就读，这是一所专门教授机械专业知识、为工厂和企业培养和输送技术员的职业学校。

进入国立高机之前，周立伟对择业并没有什么想法，也不懂如何选择专业，但因为他偏爱理科，且中学时数学和物理都学得不错，因此得知学校教的是机械专业，他心中是很欢喜的。然而一辈子从事制药行业的父

① 周立伟：难忘国立上海高机的如歌岁月——纪念国立上海高机 60 周年华诞。见：周立伟著，《藏绿斋札记：感悟人文》。北京：北京理工大学出版社，2016 年，第 212 页。
② 周立伟给高桥中学校友会的信，2002 年 1 月 15 日。资料存于采集工程数据库。

图 2-3　国立高机校门旧址

亲，很希望周立伟能够从医。在此之前，他曾让周立伟跟随家附近一位姓孟的中医学习，但周立伟对此并没有天赋，从最初学习"切脉"时就怎么也掌握不了把脉的技巧。于是父亲又送他去学西医，但周立伟胆子小，害怕开刀见血。最后父亲只好放弃让儿子学医的念头。当时社会上有两个职业很是抢手，一是去银行当练习生（学徒），这是"金饭碗"；二是去铁道系统上班，这是"铁饭碗"。但这两个职业都需要有人推荐，周家一穷二白，没有门路。周立伟自己考上了包分配工作的国立高机，父母顿时松了口气，他们都感到儿子未来的生活有了着落。

国立高机旧址位于今日的复兴中路与陕西南路西南转角处，现在这里还存有一栋欧式红楼，是当年周立伟就读的机械专业教学楼。学校的前身是始建于 1907 年的德文医学堂，第一次世界大战之后，中法两国合办，改校名为中法国立工学院，后为中法高级工业职业学校。1946 年 8 月 23 日，国民政府教育部奉行政院令，接收该校的校舍及设备，并将重庆鸡公塘的国立高级机器职业学校迁往上海，与中法高级工业职业学校合并，成立了国立上海高级机械职业学校，于 1946 年 9 月下旬招收第一届学生。学校成立之初的生源，一是来自社会上招考的新生，学制三年；二是原重庆各职业学校的高级机械科复员生和原中法高级工业学校在校生，还有从上海其他职业学校转来的插班生。1946 年全校在校学生有 200 余人。

因为学校的学费和生活费全免以及毕业包分配的优厚条件，国立高机成为初中毕业生青睐的选择。当时社会上有意报考这所学校的学生很多，上海城区和远郊区县大批学生都慕名前来，有文献记载了学生前来报名的盛况："1947 年 7 月，学校发布招生广告，吸引了众多青年学生前来报考。这次报名时间仅限 3 天，其场面盛况空前，排队报名的队伍成长蛇阵，每天都从校门口一直延伸到国立高机隔壁的比德小学（今徐汇区第一中心小学）校门口，最后统计，当年报名者竟达 5000 多人。"[①]1948 年报考国立高机的人数不亚于 1947 年，当年的录取比例约为 40∶1，大多数报考者都是读完了初三以后去报考的，而周立伟那时候已经念完了高一课程，基础比同届考生更扎实一些，具有一定优势。考试科目包括理科和国文，主要考查考生的中学基础功课水平，周立伟还记得当时的国文考题是"论忧患兴国，逸豫亡身"。

周立伟顺利考上国立高机，全家人都很高兴，周吉民把家中仅有的一块手表典当了，给儿子买了一身校服，亲自送周立伟进了国立高机的校门。

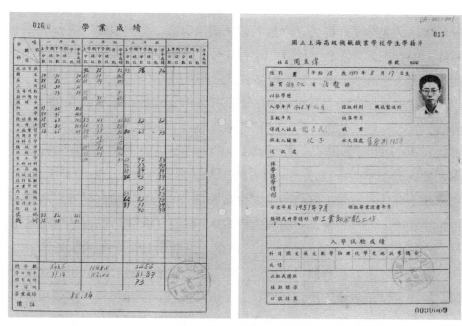

图 2-4　周立伟在国立上海高级机械职业学校的成绩单及学籍卡

---

①　上海理工大学校史研究室：《栋梁气贯大世界　上海理工大学工程教育百年》。上海：上海交通大学出版社，2011 年，第 69 页。

1948年国立高机全校共有学生520人，分15个班级，包括当年入学的6个班级，其中高级机械科2个班，中等机械技术2个班，另有五年一贯制机械科2个班。学校采取校长负责制，夏述虞是首任校长（1946—1949）。

夏述虞，原名夏舜卿，河北省安新县人，1919年赴法国勤工俭学，1928年回国，先后在天津直隶高等工业学院、上海汽车学校任教。1929年后参加大西北军，担任西北兰州汽车修理厂厂长和陕甘汽车管理局局长、机务主任等职务。1936年任西安交通委员会副主任，参加"西安事变"，为推动国共两党合作起了积极作用。抗日战争爆发后，日军入侵华北，西安街头有很多由华北地区逃难来的教师和学生，生活艰难，为了保护流亡师生，夏述虞用杨虎城给他出国考察的5万元经费，创办了私立陕西省西安高级职业学校，让师生有了安置之所。夏述虞在学校里推行半工半读制度，学生们半天读书、半天做工，一方面实现了助学效果，另一方面培养了学生的实际工作能力。学校的教学质量很高，名声很好，培养了一批有能力的实干人才。教学之外，学校在校长的授意下，保护和帮助进步学生、爱国人士前往延安，做了很多有益工作。

夏述虞在担任国立高机校长后，推行在西安高级职业学校办学的成功经验，实行军营式管理，制定严格的规章制度。例如，新入学的学生首先要进行10天的军事训练，由教师对他们进行严格的训诫。学校实行住读制，要求全部学生一律住读，只有周六课后才允许家在上海的学生回家，周日晚上要按时返校上晚自习。学生宿舍是一间大屋，里面整齐摆放着一排排小铁床，每日早晚都有宿监检查卫生；学生的起床和就寝均要听从军号，遵循严格的作息时间；一日三餐在大饭堂用餐，学生列队进入，八人一桌，有序坐好，待值日生喊"开动"方可进食，进餐期间不可随便交谈，也不许剩饭剩菜。不仅如此，为了锻炼体魄，学生每日早晨要用冷水洗脸，然后升旗出操，晚上还要降旗点名，无论寒冬还是酷暑，刮风还是雨雪，一日都不间断。

如此严格的管理制度，夏述虞首先以身作则，他的女儿夏乃华回忆说：

创办国立上海高级机械职业学校期间，父亲制定严格规章制度，不但要求师生遵守，他自己率先垂范。每日清晨军号一响，他便立即查宿舍，督促学生准时到操场参加早操，晚上必查宿舍。学校还聘请许多有名望的教师任教，通过他们的传业与解惑培养了许多技术人员。当年的国立上海高级机械职业学校，今天是上海机械专科学校，依然承袭了"严谨治学"作为传统校风。①

　　国立高机的校训是"礼、义、廉、耻"。为了贯彻这个校训，对新入学的学生，学校不是急着给他们灌输专业知识，而是要先上十堂专题课，内容包括"为学之道""人生哲理""新技术、新知识"，等等，主要是讲授中国的传统文化，令学生们树立正确的人生观，为以后选择人生方向奠定基础。

　　因在上海高桥中学就有过住读经历，周立伟很快就适应了国立高机的生活。那时候物资匮乏，住宿条件十分艰苦，同班的陈锡昌回忆说："那时候报考国立高机的都是贫家子弟，一个班的学生都住在一间很大的宿舍里，每天能吃饱，但都是普通的饭菜，比如豆芽菜什么的，但是因为吃饭和学费都不要钱，大家对生活很满意，适应得很快。周立伟在我们班里自理能力很好。"②

　　国立高机的学生都穿着统一的制服，戴着大盖帽，行走坐卧都有规有矩，精神面貌积极向上。这样的教育令周立伟在青年时代便养成了自律自觉、吃苦耐劳、艰苦简朴的好习惯，让他今后受益良多。

　　国立高机的授课内容和教学方式，令周立伟有很大的收获，在这里，他打下了扎实的机械学科基础，尤其是锻炼出了较好的机械制图本领和动手能力。

　　国立高机聘请的教师个个都有真才实学，许多课程甚至由交通大学的教授兼职讲授，例如教电机课的有交通大学教授林海明，教代数课的是交通大学教授陈荣普，教机构学的是交通大学教授楼鸿棣……教授兼职的好

---

① 夏乃华：回忆我的父亲夏述虞。见：政协安新县文史资料委员会编，《安新县文史资料》（第3辑），1993年，第67页。

② 陈锡昌访谈，2019年3月29日，上海。资料存于采集工程数据库。

处是显而易见的，他们把交通大学的教学方法和教学内容完整地搬到国立高机，这对开拓学生的眼界、提高学生的认识有很大益处。学校的优秀教师还有物理教师马家瑞、配电学教师楼惟秋、电机设计课教师鲍光泽、电工基础课教师沈庆炽，等等。这些老师，有的是从国外留学回来的，有的是国内知名大学毕业生，学识水平都不错。学校使用的教材也是精挑细选，除了职业学校常用的课本外，有的教材更是和大学同步，包括兼课教授们指定要读的专业性很强的课本和英文教材。

国立高机那时并没有细致的专业划分，仅设有机械科与动力科，所学课程则五花八门，范氏大代数、Hall-Knight 三角学、机构学、机械原理、机械制图、金工学等均有涉猎。相当于简化过的大学课程，偏重实用知识和工程实践。那时，教学质量是全市中等专业学校中最高的。主要是，任课教师的水平高，我记得，机械科主任何国森老师精通四国语言。他教我们机构学，他后来任上海大学自动化系教授，他教书热情奔放，充满活力。不久前我见到他，依然像个老顽童似的，十分活泼，思维敏捷。他一直用英文记笔记，使我特别佩服。[1]

何国森是令周立伟铭记的一位优秀教师，他生于 1923 年，是抗战时期交通大学渝校区机械制造专业的学生，后来在上海工业大学自动化系担任教授职务。何国森教学特别生动，很受国立高机学生们喜爱。他毕生从事教学事业，后来专注于流体控制与检测的研究和教学工作，培养了大量研究生，并有《自动化仪表设计手册》《计算机软件可移植性》等著作。何国森的妻子周碧珍，是上海地区一位有名的女高音歌唱家，极具音乐才华。他们夫妇二人，是当时国立高机里一道亮丽的风景，十分有名。

除了配备优秀教师外，学校也精心设置了各门课程，内容囊括文化课、机械基础课、理科基础课，还有实践课。其中，1946 年的课程表如下。

---

① 周立伟：难忘国立上海高机的如歌岁月——纪念国立上海高机 60 周年华诞。见：周立伟著，《藏绿斋札记：感悟人文》。北京：北京理工大学出版社，2016 年，第 212 页。

第一学年：国文、英文、法文、公民、历史、物理、化学、工作法、机械制图、工厂实习、工程数学。

第二学年：国文、英文、法文、公民、历史、工作法、热机学、大代数、机械学、应用力学、解析几何、机械制图、工厂实习、微积分、电工、工厂簿记。

第三学年：国文、机械学、热机学、工具机、微积分、电工学、工作法、自动车、内燃机、机械制图、材料强弱、航空机械、工厂实习、机械设计、金属学、工厂管理。[①]

可见，国立高机在课程设置上基础类课程很多，科目涉猎广泛，重视向学生传输机械专业的基础知识。从学时安排上看，第一学年每周42个学时，机械制图和工厂实习各占8个学时；第二学年每周45个学时，机械制图和工厂实习各占8个学时；第三学年每周40个学时，机械制图和工厂实习各占12个学时。周立伟就是在这些课程中掌握了机械构造的原理，学会了制图的本领，他会画透视图、立体图、平面图。

周立伟在国立高机除了学习理科课程外，还打下了扎实的英文基础，后来依靠自学，他能够顺利阅读英文类科技期刊。民国时期的上海作为十里洋场，对外商贸交往很多，学校都很重视英文教学，国立高机也不例外。周立伟记得，英文课上老师不拘泥于课本，经常在课堂上用英文讲述股票的涨落情况，以期让学生们掌握日常实用的口语。在这种氛围中，周立伟熟练掌握了英语语法和词汇，还锻炼出了很强的口语表述能力。

国立高机提倡理论与实践相结合的教学理念，大力建设图书馆和实验室等设施。学校图书馆有藏书2万余册，囊括当时国内外最新的机械工业类书籍和期刊，与当时其他职业学校相比，国立高机图书馆可以说是最好的也不为过。作为一所向国内机械工厂传输专门技术人才的学校，国立高机在课程设置上，除了提倡要学生打下扎实的理科基础外，还十分重视培

---

① 根据《国立上海高级机械职业学校1946级机械科三年课程表》整理。见：上海理工大学校史研究室编，《栋梁气贯大世界 上海理工大学工程教育百年》。上海：上海交通大学出版社，2011年，第82页。

图 2-5　周立伟等同学的国立高机毕业照

养学生的动手能力和解决实际问题的能力。学校除了建设物理化学实验室、电工实验室、工业模型实验室，另专门配备了供给学生们实习的工厂，工厂里木模制作、翻砂、锻造、钳工和金属加工设备应有尽有，比许多大学理工科专业配置的设施还要好。学校对实习要求很高，学生先要学习独立操作器械，完成既定的工作任务。学生第一年进实习工厂，先做钳工项目的训练，掌握基本技能，学习用锉刀、榔头锉出方正、标准的六面体。之后参加锻工实习、木工实习和铸工实习，以掌握更多的实际工作技能，如用铁锤锻造出方、圆、尖的物体，用锯子和锉刀精细雕琢，在砂土模具中灌注熔化的铁水并脱模打造出合用的器具。在机工实习环节中，学生们真正认识到了重工业和轻工业的基础——各类机床、车床、钻床和刨床。

周立伟很喜欢上实践课，尤其喜欢手工制作、组装各种电器。同学陈锡昌说："周立伟的动手能力很强，无线电知识学得很好，曾结合课上教师的讲授，在业余时间里搜罗了许多小零件，最后组装出来一台收音机，接收到的电台声音十分清晰，令同学们大吃一惊。"①

国立高机的学习让周立伟掌握了知识，获得了锻炼，为后来开展华通电机厂的事业和从事仪器光学研究奠定了基础。

———————————
①　陈锡昌访谈，2019 年 3 月 29 日，上海。资料存于采集工程数据库。

图 2-6　1997 年周立伟（右六）和国立高机同学在上海科协留念

在国立高机读书时，周立伟和同班同学关系都很好，其中交好的朋友有沈兴良、俞容若等，对他产生影响的还有做过地下工作的刘训时和陈名绚等同学。学习之外，周立伟最喜欢和同学们去逛街玩耍。国立高机位于上海的繁华路段，周围十分热闹，有很多电影院。一到周日，他便出去遛马路、看足球、看电影。《出水芙蓉》和《魂断蓝桥》，还有著名童星秀兰·邓波儿主演的系列影片，他都是在那时候看的。

周立伟十分怀念在国立高机的如歌岁月，毕业半个世纪后的 2002 年10 月 17 日，他重返母校，当见到当年上课的那幢红楼时，不禁回想起少年时的美好岁月，想起当年的老师和同学，遂赋诗一首，以示怀念：

> 匆匆离别五十年，红楼聚会忆旧谊。
> 少年难忘弱国恨，同胞疾苦岂无闻。
> 谈今论古求真理，誓将丹心献汗青。
> 相逢白发谈往事，碧海蓝天挚友情。①

---

①　周立伟：难忘国立上海高机的如歌岁月——纪念国立上海高机 60 周年华诞。见：周立伟著，《藏绿斋札记：感悟人文》。北京：北京理工大学出版社，2016 年，第 212 页。

亲历上海解放

1948 年，在淮海战役中国民党大败。国民党为挽救其财政经济危机，维持日益扩大的军费开支，决定废弃法币，改发金圆券。上海作为全国金融中枢，由蒋经国为副督导，实际掌握上海的经济情况。但没过多久，上海的局面就失控了，物价飞涨，金圆券飞速贬值。那时候，每到童涵春堂药店发工资那天，王桂英就早早等候在药店门口，周吉民一领到薪水就交给她，由她跑去银行换成银元（即"袁大头"）或关金券等，以防止钱贬值。然而，王桂英就算跑得再快，也禁不住兑换价格一跌再跌，拿到手的钱根本买不到什么物资。一番折腾下来，上海老百姓手里的钱所剩无几，国民党的信誉彻底扫地，人民再也不信任他们了。周立伟清楚地记得：解放初期有一部电影叫《乌鸦与麻雀》，由赵丹、孙道临、黄宗英、吴茵等主演，生动真实地描绘了那时无数的上海老百姓为了兑换金圆券挤在外滩银行门口的景象，以及国民党官员大肆搜刮人民财产、猖狂出逃的情节。

中华人民共和国成立前夕，国立高机校园里，学生运动风起潮涌。当时学校里一位姓于的训导主任（他是亲国民党的于斌[①] 大主教的侄子）压制学生，禁止学生运动和抗议活动。但是学校里有许多进步学生，有一些人还是地下党员，例如周立伟的同班同学刘训时，他常常向同学们宣传革命思想，还给同学们看一些油印的小册子，那是地下党的进步报刊，在学生中产生了积极影响。周立伟那时候一心读书，对政治活动并不十分关注。

那时，我也跟着同学参加一些学生活动，但懵懵懂懂，不知"革命"为何物。记得闹学潮时，一些同学高唱"我们的队伍来了，浩浩

---

① 于斌（1901-1978），字冠五，号希岳，后改为野声，洗名保禄，黑龙江兰西人，1946 年任天主教南京总教区总主教。

荡荡过了长江"山那边哟好地方，一片稻田黄又黄"。我也跟着唱，但不明白歌词是什么意思，便问同学，大家都笑我幼稚，我也感到很难为情。①

尽管对当时的形势不太了解，但周立伟亲眼见过国民党的腐败，老百姓深受其害，他对新政权很向往，也明白上海马上就要解放了，革命的潮流锐不可当。

解放军进入上海之前，上海街头一片乱象，国民党的散兵游勇四处劫掠，物价飞涨，爱国学生纷纷上街抗议，学潮涌动。陈锡昌回忆："那时候时常见到飞机在上海市上空盘旋，还能听到远处炮弹的声音，大家非常紧张和害怕。"② 为了保护师生和校产，学校的地下党员和进步学生自发组织了护校队，大约有几十人，日夜分班在校园里巡逻。

就在上海解放的前几天，国民党还在街头用大喇叭播放"郊区大捷，保卫大上海"等口号，但已经没有民众相信他们的话。晚上灯火管制，老百姓家家紧闭门窗，为了不露出亮光来，有的家庭用黑布围着电灯泡，借助那一点亮光来做些家务事。周吉民早早买了不少大米放在床底下，以备战时之需，他还给了周立伟兄弟每人2个"袁大头"，嘱咐他们一定要悄悄塞在裤兜里，以备逃难时急需。

1949年5月27日，上海解放。出乎周吉民一家意料的是，人民解放军进入上海市区时，一切都很平静。部队进城以后，晚上没有进入民宅休息，他们露宿在上海街头，丝毫没有扰民。周立伟是在第二天早晨从广播中听到上海解放的消息的，他说，那时候上海老百姓都很激动，也很欢迎解放军的到来。

为了迎接解放军进城，国立高机举行了有700余人参加的盛大庆祝大会。6月27日，上海市军事管制委员会高等教育处代表李正文接管学校；7月29日，学校成立了新的领导班子，原校长夏述虞卸任，调为实

---

① 周立伟：难忘国立上海高机的如歌岁月——纪念国立上海高机60周年华诞。见：周立伟著，《藏绿斋札记：感悟人文》。北京：北京理工大学出版社，2016年，212页。

② 陈锡昌访谈，2019年3月29日，上海。资料存于采集工程数据库。

习工厂教员，后前往上海法商水电交通公司担任工程师。这一年秋季，学校的办学机构也进行了调整，一是合并调整原来的专业结构，增设汽车科；二是将上海中华、大公等职业学校的部分师生并入；三是增加招生，扩大了学校规模。1949 年 10 月 1 日，国立高机举行了新的开学典礼，当时在校学生共有 580 余人，被分为 15 个班级。1950 年 6 月 1 日，学校改由华东工业部领导，教学目标也改为培养中等技术干部，专业科目根据国家工业发展的需要，调整为机械制造科、电机制造科、自动机制造科，增设船舶制造科，同时扩大招生，在校生扩充到了 1564 名。1950 年 12 月 4 日，学校改校名为华东工业部上海高级机械职业学校，简称上海高机。

周立伟形容那时的自己"政治觉悟不高"，一心想着怎样使家庭走出困境，自己将来能干什么样的事业，等等。尽管他也阅读一些进步书籍，如巴金的《家》《春》《秋》、茅盾的《子夜》，还有鲁迅的书，这些书对他产生过积极的影响，但那时候的他并没有考虑到更深的问题。后来刘训时常在同学中做宣传，才逐渐启发了他。大约是 1948 年前后，学校的地下党员制作了一些宣传品，主要内容是揭露国民党的腐败、歌颂解放区的光明，有同学悄悄拿来放在周立伟的枕头下，让他暗中阅读。

上海解放后，周立伟开始注重政治学习，逐渐明白了中国共产党对中国变革的意义所在。1949 年 11 月，在陈名绚的介绍下，周立伟成为学校第一批新民主主义青年团团员。新的政权在上海建立起来，中华人民共和国成立前市面上的乱象逐一被扫除，金融秩序稳定了，人民生活安定了，周立伟说："我觉得解放后的上海的天空特别光明灿烂！"①

1949 年上海解放，由于我亲身经历了上海沦陷日本人侵占时期和国民党统治时期的黑暗年代，对新、旧社会翻天覆地的变化有强烈的感受。我对共产党进入上海以来领导人民荡涤一切污泥浊水是非常高兴和拥护的。工人农民翻身当了国家的主人，赌场、妓院和投机倒把

① 周立伟访谈，2018 年 8 月 8 日，北京。资料存于采集工程数据库。

的证券交易所都被取缔了，物价稳定了，我每天来往的街头再也见不到临街拉客的妓女了。共产党一心一意为人民使我的觉悟和认识有很大的提高。①

　　人民解放军进入上海时的纪律严明，令周立伟印象深刻，心里希望自己将来能成为一名军人。1950 年，国家号召参加军干校和抗美援朝时，周立伟决定报名参军。当时他已经是一名学生会干部，思想也有了很大进步，他觉得以前的自己觉悟太低，对新中国的成立没有一点贡献，现在正是自己保卫祖国、保卫人民政权的时候，即使为此献出生命也是值得的！休息日回家的时候，他便把自己的决定告诉了父母，虽然父母不舍得他离开家，但他们尊重周立伟的决定，并没有阻拦。遗憾的是，当学校进行家访时，发现周立伟身体不好，鼻子大出血——大量鲜血从他鼻中、口中涌出来，需得用脸盆接住，他马上被送到仁济医院抢救，但也没办法立刻止血，为了不因失血造成生命危险，医生只好把绑带整个塞到他的鼻孔里，周立伟整个面部都因为鼻腔出血而膨胀成扁平状，他这个样子自然也参不了军了，就此与从军的梦想失之交臂。

---

　　① 　周立伟：难忘国立上海高机的如歌岁月——纪念国立上海高机 60 周年华诞。见：周立伟著，《藏绿斋札记：感悟人文》。北京：北京理工大学出版社，2016 年，第 212 页。

第三章
初入社会

发明扁平线圈绕线车

1951 年 7 月，19 岁的周立伟从上海高机毕业，被分配到位于上海乍浦路的华通电机厂工作，刚到工厂时他先在技术科工作，不久后被调到电表车间，担任二级助理技术员，和他一起分配到华通电机厂的，还有丁冠杰和严文安两位同班同学。

上海华通电机厂创建于 1919 年，原名华通电业机器股份有限公司，是我国兴办早、规模大、产品门类齐全的综合性电气产品制造厂，在 20 世纪 30 年代便拥有 5000 多平方米的厂房和 900 多名职工，包括一支具有一定水平的工程技术人员队伍

图 3-1　1951 年周立伟在华通电机厂工作时期个人照

以及近百台当时较为先进的生产设备，是当时国内私营电器行业中享有一定声誉的大型企业。1950年公私合营以后改名为华通电机厂，1953年该厂实现高低压电气的专业化生产，改名为上海华通开关厂，1989年以后改名为上海华通开关厂有限公司。

当时的厂长是陈文全 [1]，他是一位老党员、老革命，德高望重，深受广大职工的爱戴；副厂长是著名电器专家萧心 [2]。全厂有技术人员80余人，有从美国西屋公司学习回来的吴履梯 [3]，还有一级工程师顾谷同 [4]、蒋公惠 [5] 等知名电工专家，他们都是当时上海业界内数一数二的工程师，周立伟也早有耳闻。厂里还有许多有经验的工人和管理人员，工厂规模大、实力强，是当时上海重要的大型工厂。能够成为华通电机厂的一名技术员，有了稳定的收入，周立伟和家人都很高兴，认为从此便有了"铁饭碗"。那时中华人民共和国成立不久，全国人民都充满干劲，立志建设一个繁荣富强的国家，年轻的周立伟也是意气风发，打算好好干一番事业。

上海华通电机厂是周立伟走出校园、走进社会的第一站。单位离家里不算远，周立伟每天一早从家里出发，先在厂门口吃上一碗浇了一大勺醇厚麻酱的牛肉面，再来一碗大油渣咸豆浆，然后开始一天的工作。周立伟

---

① 陈文全（1915-1996），福建仙游人，1938年参加革命，1949年以后历任上海华通开关厂党委书记、上海电器科学研究所党委书记兼所长、国家第一机械工业部科技司副司长、上海发电设备成套设计研究所党委书记兼所长。

② 萧心（1916-?），湖南双峰人，电器专家，1937年毕业于浙江大学电机系。曾任资源委员会湘江电厂技术员、资源委员会中央电工器材厂桂林分厂副工程师、上海华通开关厂工程师。1949年以后，历任上海华通开关厂副厂长、上海电器科学研究院副所长、杭州发电设备厂总工程师等职务。

③ 吴履梯（1919-?），1946年毕业于西南联大（清华大学）机械工程系，在西屋电气公司工程师学校学习过仪表制造及工厂管理，先后担任过湘潭电机厂、上海中央电工厂工程师。1949年以后，参与过接管华通开关厂的工作，并参与过上海电表厂的筹建工作。

④ 顾谷同（1902-?），江苏无锡人，1924年毕业于交通大学电机系，电子工业专家。1930年和1946年分别赴美学习深造。担任过无锡耀明电气公司技术主任、上海电话公司工程师、资源委员会湘潭湘江电厂总工程师、资源委员会中央电工器材厂副厂长和技术处处长。1949年以后，历任华东工业部电器处技术组组长、技术室主任、上海华通开关厂总工程师、电机制造工业部生产技术司总设计师、第一机械工业部技术司副总设计师等职务。

⑤ 蒋公惠（1919-?），浙江嘉兴人，电器制造专家。1933年毕业于浙江大学电机系，1937-1939年留学英国。担任过华通电业机器制造厂厂长兼副总工程师、大同大学兼职教授。1949年以后，历任华通开关厂副总工程师、上海交通大学教授、电器教研室主任等职务。

来到工厂以后，先在各个车间轮换实习，了解生产的每个环节，没多久，他便深刻感受到"纸上得来终觉浅"。尽管他在国立高机读书时参加过工厂实习，但并没有真正参与实际的生产，更没有深入每一个车间，因此对工厂的整体运作方式并不了解。刚到华通电机厂的前三个月，他先后在工具车间、木模车间、电表车间实习，亲身参与产品的设计和生产的过程。这三个月的实习，对他的成长有很大的帮助。

华通电机厂的工具车间，主要是制作复杂精密的产品模具。用现在的眼光来看，解放初期我国生产能力较差，工厂并没有什么高级设备，更谈不上自动化生产，大部分模具零件都是靠有经验的工人手工制作。有的零件有设计图纸，便可按图索骥；但大部分零件的工装与钻模夹具都没有工艺图纸，必须由老师傅根据自己的经验，按照零件的用途和与之相关的配件进行想象和琢磨，最终确定零件的制式，把它们制作出来。

木模车间主要是浇筑零件的翻砂木模。周立伟看到工人师傅制作翻砂木模时手中只拿着一张零件图做参考，根据这张零件图要制作出阴阳木模来，还要包括浇灌口和出气口。在没有完整图纸的情况下，周立伟完全想象不出要浇筑的阴阳模具是怎么样的立体结构，但工人师傅很容易就把模具熟练地制作出来了，因为图纸就印刻在他们的脑海里。周立伟十分钦佩老师傅的高超手艺和丰富经验，他暗下决心，一定要多摸索、多观察，把老师傅本事学习到手，"3 个月的实习下来，我发现工厂有学问的人和技术高手很多，我决心向工人师傅和技术员好好学习。"[1]

周立伟认真向老师傅们请教，师傅们都非常喜欢这个勤奋好学的青年，周立伟长得矮小瘦弱，他们便亲切地唤他"小弯"，这是上海方言里"小孩"的意思。那时候常听见车间里有人喊"小弯，你过来给我画张图""小弯，你把这个部件测绘一下"，周立伟就知道是在叫他。那时候，周立伟一天到晚忙得不行，整天在车间跑来跑去，一边给工人师傅和技术员打下手，一边向他们学习和请教。这其中令他印象深刻的、教了自己很

---

[1] 周立伟：一台扁平线圈绕线车的诞生——创新钟情热烈追求的人。见：周立伟著，《藏绿斋札记：感悟人文》。北京：北京理工大学出版社，2016 年，第 216—221 页。

多知识的有张维良、陈启刚、丁银云、顾美珍、何麟丽等，他们都是大学毕业后分配到工厂，有知识也有经验，为人和善，从不端架子，业余时间他们一起聊天游玩，日子过得非常快乐。周立伟很感激这些人，尤其佩服张维良。张维良思维活跃，富有创新精神，周立伟记得张维良研制过一种可以半自动粘贴信封和邮票的机器，只要把信封或邮票放在机器上，便可以向前滚动并黏上糨糊，避免抹糨糊时弄脏手指。这个小发明很实用，既有创意也很有趣，周立伟印象深刻。

在华通电机厂的时期，有一件事对周立伟的触动很大。有一年年终，厂里对技术科的两位科长进行民意测评，职工愿意和谁一起工作就把票投给谁。结果其中一位科长得票很多，几乎所有人都把票投给了他，而另外一位科长得票寥寥无几。原来得票低的这位科长，每次有荣誉时都归功于自己，而一旦出了问题就推卸责任，久而久之自然引起群众对他的不满。得票多的那一位科长正好相反，他为人公正，敢于承担责任，常为下属争取权益，赢得了大家的爱戴。周立伟通过这件事深切明白：身为领导，遇事应勇于担当，群众的眼睛都是雪亮的，公道自在人心。

在华通电机厂工作的周立伟迅速成长，其中一个很大的收获便是在国立高机学到的制图技术在工厂得到了提高，而这也是学好机械专业最重要的基础。一般的机械零件包括装配图，他几乎可以徒手画出，线条流畅、比例精确、结构准确。同时，由于在工厂经常要接触各式各样的工具和零件，周立伟逐渐熟悉了它们的外观、尺寸、结构，这使他在设计钻模夹具的过程中掌握了一种能力：只有告诉他需要设计的模具，就能很快在脑海中形成这套模具的立体图。这需要非常强的立体想象能力，令他受益无穷。在锻炼制图能力的时候，有一件事激励了他，令他加倍投入钻研。第一天上班时，吴履梯先生要他画一张机器图纸。周立伟觉得很容易，很快就把图纸画好交了上去。吴先生看后发现了错误，但没有当面指出，而是微微一笑，说："你画的图，正视图是英美画法，侧视图是苏联画法。"尽管吴先生的说法很委婉，但周立伟的脸一下子就红了，他意识到自己绘错了图，心里感到难为情。这件事让他下定决心，一定要把制图的基本功学好，"通过实践的教育，我认识到自己的知识太浅薄了，能力太弱了，只有加倍努力学习和工作，才能跟上时代的要求。"①

实习结束以后，机械科出身的周立伟被分配到了技术科，担任二级助理技术员，工作内容是给工程师和技术员当助手，帮助他们描图和绘图。周立伟深感自己的知识储备不够，便利用工作之余自学。他从书店里买来有关工厂机器设备使用工具制作的专业英文教材《夹具和卡具》(*Jigs and Fixtures*)，尽管当时英语还不那么精通，但他肯下功夫，用了几个月的时间硬是把这本书的一些章节给读通了。

到技术科以后，周立伟被分派去搞发电机和电动机的测绘，这项工作主要是把发电机和电动机的实物零件一一测绘下来，然后标上尺寸，制成图册。这是个细致活儿，而且又苦又累，特别是电机的外壳形状复杂，很难测绘和制图，要制作图册必须做好每一个细节，不能出丝毫差错，有时因为长时间趴在地上测量，周立伟常常腰酸背痛。周立伟用了一段时间把这份图纸仔细测绘出来了。经过一段时间的锻炼，他的测绘和制图能力已经十分优秀，有一件事令他品尝到了成功的喜悦。原来萧心副厂长让他协助绘出过小马力电动机的全套图纸，包括电动机的装配图和零件图，后来工厂用他画的图把小马力电动机生产出来了。这是把图纸变成实际机器的一件大事，周立伟感到十分高兴和自豪。除此之外，20世纪50年代初，在中苏友好的大背景下，华通电机厂引进了很多苏联电气开关的图纸，技术科上上下下都要参加图纸的复核和校对，周立伟也不例外。这项工作并不简单，需要仔细审查图纸，从装配图到零件图，一点也不能马虎，绝不能漏掉检查，因为一旦有零件尺寸的失误，就会导致生产出来的零件在装配时因尺寸不合或细节不对而无法匹配，导致一大批零件全部成废品，给工厂带来巨大的损失。审查员的工作便是要事先看出图纸上的缺憾，并逐一改正。"这些工作很辛苦，但经过锻炼，我的收获很大，培养了我扎实的工作能力，以及很强的立体感的能力。"②

在技术科工作了一段时间以后，周立伟又被分配到电表车间当技术

---

① 周立伟：一台扁平线圈绕线车的诞生——创新钟情热烈追求的人。见：周立伟著，《藏绿斋札记·感悟人文》。北京：北京理工大学出版社，2016年，第216-221页。

② 周立伟访谈，2018年8月14日，北京。资料存于采集工程数据库。

员，协助车间主任王传燮管理车间。这段时间，他在技术工作之外，还学到了一些管理的技能。

电表车间里有一百多个工人，都由王传燮管理，人多、事情多，工人们不免产生一些矛盾。王传燮师傅的技术水平在车间里最高，他的资历也最老，工人们都服从他的管理；但周立伟初来乍到，年纪又小，有些资历老的工人不服气。有一次，一个工人因为奖金的事情与周立伟争执起来，周立伟说服不了工人，只好找王师傅出面，才把这件事解决。周立伟十分崇拜王师傅，技术上和管理上经常向他请教，逐渐也掌握了一些方法技巧。时间长了，周立伟逐渐得到工人们的信服，和工人们相处融洽，大家打成一片。

周立伟参加工作一年便做了一件对工厂有益的大事。1952 年，他在工厂的技术革新运动中，发明了扁平线圈绕线车。这只扁平线圈绕线车的诞生源于工厂生产切切实实的需要。当时电表车间每日很重要的工作便是制作各种使用在电表上的漆包线圈，其中，旋转对称的圆柱线圈可以使用绕线机来绕，而扁平的单层线圈因为形状不对称，只能工人用手绕，效率很低，每 15 分钟才能绕一只。使用在 110 伏电压表的电阻片上的扁平线圈，对漆包线的密度要求很高，需要紧密又均匀地排列，工人们要一边绕线圈一边观察漆包线的密集度，稍有差池便要拆掉线圈重新再绕一次。工人眼睛要盯着，手又不能停，一刻也不能放松，劳动强度很大，所以这项工作谁都不愿意干。但为了满足装配组的需要，车间里每天要抽调五个熟练工人来专门绕扁平线圈，这样连轴转，每天也只能绕出数十个线圈来，生产效率很低，远不能满足供应需求。

此前，已经有很多技术人员尝试使用机械的方式来绕扁平线圈，但最后都失败了。圆柱线圈的绕线机靠人工摇动手轮进行操作，扁平线圈由于形状不对称，且要求绕线紧密度，无法在普通的机器上缠绕。周立伟在车间里观察了许久，由学校学的螺杆原理联想到，为什么不使用螺杆进动的方法来缠绕线圈呢？周立伟的想法是："利用螺杆的转动，把漆包线靠在螺杆的螺纹的牙上，螺杆转动时漆包线就随之进动，线就紧密排列起来了。至于漆包线排列均匀紧密的问题只要选择适当的螺距和螺杆转动的速度就可以了。"① 利用螺杆的转动来排线，把螺母套在螺杆上，漆包线放在螺母或者螺杆的齿上，在转动螺杆的过程中，螺母左右移动，漆包线便可左右前进了。

周立伟立刻向吴履梯说了自己的想法，吴先生认为这个想法很好，在原理上也完全行得通，就让周立伟试制一下，并建议他多和厂里有经验的技术人员讨论，以提高试制成功率，吴先生还表扬他敢想敢做，鼓励他放手去实践。周立伟便去找了陈康德工程师，他是工厂里的资深技术人员，在电器机械方面有很高的造诣。陈康德工程师和王传燮主任都支持周立伟的想法，表示愿意配合，还提出了一些改进意见。周立伟首先尝试画出了预想中的扁平线圈绕线车的总装图。他了解到绕线的过程，脑海中渐渐浮现了想象中制成的扁平线圈绕线车的结构：绕线车底座的左右有两个支架，支架间装有夹具，架上所绕的扁平线圈架；扁平线圈架底下有一根螺杆；螺杆的右端装有齿轮，它与要转动的扁平线圈的齿轮相联结，该齿轮与手轮相连；摇动手轮，通过齿轮使漆包线随着扁平线圈架转动而进动。② 设计的难题有三：一是要解决扁平线圈电阻片夹具的问题，要设计出又牢固又容易装卸的弹簧片来，才能令扁平线圈电阻片转动平稳，这主要是设计结构上的问题，通过精心设计可以解决；二是要考虑采用什么样的螺杆进动，才能使靠在上面的漆包线排列得紧密，这要通过控制螺杆进动的速度来解决；三是用什么材料来制作螺杆。

周立伟很快就画出图纸来，他去车间找材料，请工人师傅帮助加工。虽然这个工作并不是厂里计划内的任务，但一来有王传燮的大力支持，二来工人师傅们听说要制作扁平线圈绕线车，都非常高兴，积极帮他找材料和加工制作。

周立伟先试用钢制螺杆，但发现钢螺杆对漆包线有磨损，并不是最适合的材料。于是他又选了几块较硬的木料，请师傅车了几根不同螺距的螺杆试验，数次实验下来，木制螺杆对漆包线磨损较小，是最适合的螺杆材

---

① 周立伟：一台扁平线圈绕线车的诞生——创新钟情热烈追求的人。见：周立伟著，《藏绿斋札记·感悟人文》。北京：北京理工大学出版社，2016 年，第 216-221 页。

② 同①。

料。等到各部位的零件制作加工完成后，周立伟便把绕线车的架子在底座上搭好，两端装上装卸夹具，并把螺杆与手轮以及齿轮等联上，开始了第一次实验。绕线组组长乐生章师傅曾告诉过他许多扁平线圈绕线的方法和细节，为他提供了许多建议和帮助，在乐师傅的见证下，周立伟第一次试验就取得了圆满成功。在场人都清楚地看到，随着螺杆的转动，漆包线一圈圈、整整齐齐缠绕起来，周立伟的设计和构想完全可行！现场顿时响起了热烈的掌声，大家都很高兴，以后不用五个工人齐心绕线了，绕线的速度也将大幅度提高。这次试验之后，周立伟对扁平线圈绕线车的部件进行了一些结构上的改进，此后又做了两次试验，都非常顺利。

周立伟发明的扁平线圈绕线车，只需要一个工人操作进料并摇动螺杆，绕一个扁平线圈的时间是 2 分钟，生产效率提高了 7.5 倍；并且由于机器转动得速度稳定，绕出来的线圈质量比手工绕得要好，间隔固定、整齐美观。扁平线圈绕线车迅速被推广到生产线上，极大解放了人力，提高了效率。1952 年 6 月 18 日的上海《劳动报》还专门报道了这件事。

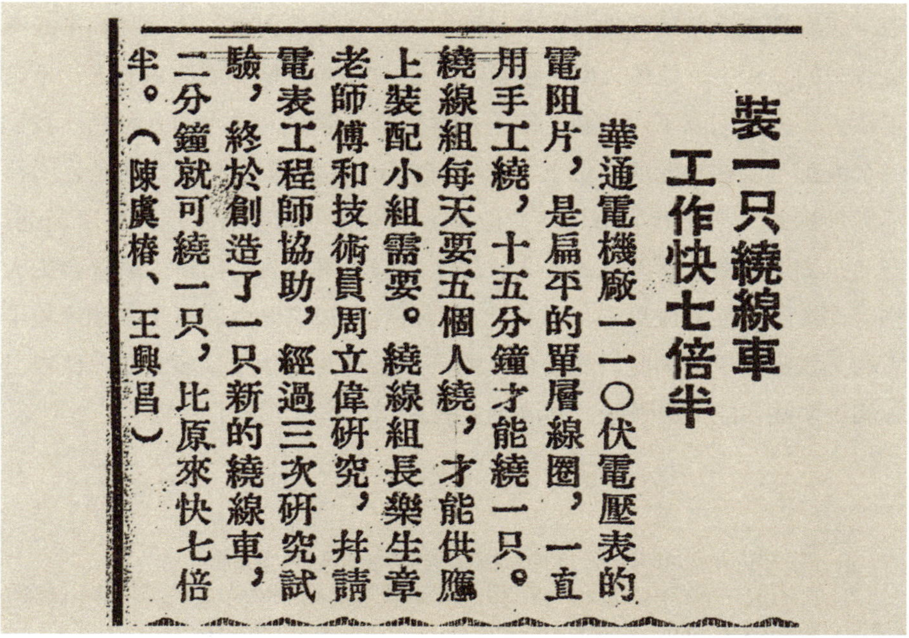

裝一只繞線車 工作快七倍半

華通電機廠一一〇伏電壓表的電阻片，是扁平的單層線圈，一直用手工繞，十五分鐘才能繞一只。繞線組每天要五個人繞，才能供應上裝配小組需要。繞線組長樂生章老師傅和技術員周立偉研究，并請電表工程師協助，經過三次研究試驗，終於創造了一只新的繞線車，二分鐘就可繞一只，比原來快七倍半。（陳廣椿、王興昌）

图 3-2 《装一只绕线车　工作快七倍半》原文

　　厂里也十分重视这次技术革新，周立伟在随后的评定技术职称时连跳3级，由二级助理技术员直接升到四级技术员，工资也涨了，每月能有近100元的收入，这在当时可是一笔了不得的"巨款"。他用工资买了一辆英国进口的狮牌自行车和一块手表，在南京路上著名的国际饭店花了1元钱吃了一顿西餐，心中十分快活。

　　那时候的周立伟还不满20岁，工作能力已是出类拔萃，工人师傅们也都很喜欢他，"我在工厂工作的这个阶段是我的人生最好的一个时期，我有发明创造，又学到好多技术，我在工厂的人际关系也相当好，大家都喜欢我。"① 关于自己工作初期取得的这项成果，他常归功于单位提供的良好创造环境："现在回忆起来，解放初的上海，技术员和工人之间的关系很和谐，工厂管理上层非常愿意调动职工们的积极性，鼓励上上下下搞技术革新，提合理化建议等。工厂有一套奖励办法和制度，并有一个委员会专门审议。因之，厂里技术革新和合理化建议的活动热火朝天。"②

　　周立伟认为，扁平线圈绕线机的原理并不复杂，关于螺杆的知识大家都知道，只不过自己想到了把它应用到绕线机上。在工作中注意观察和思考，想到别人没想到的地方，并大胆实践，这便是创新。从发明扁平线圈绕线车的过程中，他体会到了创新的乐趣："创新钟情热烈追求的人，不论年龄大小，学问高下。创新，绝不是学历高、学问大的人的专利品。我们每个人都可以在自己的岗位上、在现有文化的基础上发挥聪明才智，坚持不懈地探索，把想做的事情坚持做下去，就有可能有所发现，有所创造。当然，知识丰富、学问高深的人，思考的问题更深入，创新的成果会更大些，许多原创性的成果和科学成就都出自具有知识渊博的科学家和经验丰富的工程师之手。因此，想要创新的人，还是要多学习，多实践，使自己学问更多些，能力更强些，办法更多些。"③

----

　　① 周立伟访谈，2018年8月14日，北京。资料存于采集工程数据库。
　　② 周立伟：一台扁平线圈绕线车的诞生——创新钟情热烈追求的人。见：周立伟著，《藏绿斋札记：感悟人文》。北京：北京理工大学出版社，2016年，第216-221页。
　　③ 同②，第221页。

考上北京工业学院

　　周立伟在华通电机厂工作了两年，1953 年 9 月，他考上了隶属兵器工业部的北京工业学院（即现在的北京理工大学），开始了在这所学校的学习和工作，从一名学生成长为一名教师。

　　实际上，周立伟一直有一个上大学的愿望。在华通电机厂工作的两年时间里，他成了一名熟练的技术员，能够精确地画出机器构造图，熟知每一个零件的构造，对电动机的结构了如指掌……但他并不知道电动机的运转原理，不知道多少匝线圈产生多少马力，不知道多少马力又能产生多大的能量。这些知识，他在课堂上没有学过，在工厂里也没有机会使用到，这些都是工程师要知道的，给工程师打下手的技术员只要会熟练绘图就够了。虽然在工作中，周立伟也向工程师请教，但都不得要领，他越是学习，越觉得自己的知识贫乏。

　　1949 年中华人民共和国成立以后，确定了新中国的教育事业是为工农业服务，为生产建设服务。尤其是在 1952 年全国院校调整之后，明确了高校办学的指导思想是要为建设事业服务，要以培养工业建设人才和师资为重点。20 世纪 50 年代初期国家鼓励工农干部上大学，学习科学知识，从而更好地为祖国建设服务。为此，国家在高校招生中采取了一系列的措施以确保工农大众进入高等院校。《教育部关于高等学校 1950 年度暑期招考新生的规定》中，对录取标准也作了特别规定："有三年以上工龄的产业工人；参加工作三年以上的革命干部及革命军人；兄弟民族学生；华侨学生，考试成绩虽差，得从宽录取。"此后又陆续通过对工农干部和革命军人、产业工人采取优先录取、降低分数线、免考外语等方式扩大其进入高等院校的机会。此外，各省市教育部门还举办了一些培训班，如工农速成中学，采取考试和培训相结合的方式，使工农干部获得高等教育入学机会。

　　周立伟想上大学的心情十分迫切，1953 年高等院校招生快开始之际，他向厂长陈文全表达了自己的想法，陈文全不解：你在这里干得好好的，工资很高，将来也许可以当上技术科长，前途很光明；上大学要从头学起，发展前途也不明朗，又有什么必要？陈文全十分器重这位年轻人，他语重心长为周立伟分析利弊，但也尊重周立伟追求知识的想法，只说让回去再考虑一下。

上大学是周立伟心中的一个梦，他下定决心一定要圆这个梦，便请来吴履梯和宋良生为他说情，陈厂长于是批准了周立伟的上学申请。从此，周立伟便不再去厂里上班，开始考前复习。

工农干部的文化水平参差不齐，且大多数人已经参加工作很久，学校里教授的知识大部分已经忘却。当时社会上开设了一些补习班和速成学校，专门帮助工农干部补习高中数理化知识，周立伟参加了由复旦大学举办的工农干部补习班，学习了三个月。因为曾经做过测绘电动机的工作，周立伟的初始目标是报考上海交通大学的电机专业。在复旦大学补习班即将结束的时候，恰逢北京工业学院来上海招生。负责招生的秦老师是学校人事处的一名干部，看了补习生的名单后注意到了周立伟：周立伟毕业于国立高机机械科，理科基础不错，又在工厂工作过，还有重要的技术发明；且周立伟原本就是补习班里的尖子生，补习教师对他期望很高，认为他完全可以考上北京大学或清华大学。在得知周立伟报名参军未果后，秦老师心里便知道周立伟是

图 3-3　1953 年《解放日报》报道周立伟被北京工业学院机械系录取

一名爱国的优秀青年，想要说服他报考新成立的北京工业学院，秦老师笑着对周立伟说："你不是想参军吗？不是想拿起枪炮打美国佬吗？我们这个学校就是造枪炮的，有兵工专业，你到我们这里来上学，将来你学成了，就去制造最好、最新的坦克大炮打击美国佬．这不就是保家卫国吗？"

秦老师的一番话戳中了周立伟的心，他想，虽然自己身体瘦弱，不能上战场打仗，但是能够为国家制造武器送到战场，也可以实现自己保卫家国的理想！

于是，周立伟决定要学习国家急缺的军工专业，保家卫国。高考前夕，周立伟郑重填写了自己的志愿，其中第一志愿是北京工业学院，第二志愿是哈尔滨军事工程学院，这两所高等院校都有军工专业。1953 年 9 月 29 日，他顺利被北京工业学院机械系录取了。

周立伟将离开自小长大的上海，去北京上学，他的父母十分不舍，但他们还是尊重了儿子的决定。周立伟中学便开始独立生活，加上他是作为带薪调干生上大学的，待遇比普通学生好，当时他每月拿到的津贴是 31元，而一般的大学生只有 15.5 元，虽然无法与他在工厂里的工资相比，但待遇也是相当优厚的，生活上不成问题。因此，父母放心儿子在北京的生活，为他准备好行装，嘱咐他好好学习、报效祖国。

北京工业学院，即今日的北京理工大学。据校史材料记载："延安自然科学院是北京理工大学的源头，她诞生在抗日烽火燃烧的年代，诞生在中国革命圣地延安。她的诞生开启了中国共产党创办理工科高等教育的先河。"[①] 延安自然科学院成立于 1940 年，是陕甘宁边区进行自然科学教学的最高学府，办学目的在于培养抗战建国的技术干部和专门技术人才。初期校址设在延安南门外杜甫川附近，条件艰苦，由 50 余个窑洞和 30 余间平房组成。办学之初设置大学部、大学预科和初中部，教学注重理论与实际相结合。大学专业包括化学工程、土木工程、农业、林木等。学校在困难

---

① 桑硼飞：《红色征途——北京理工大学辉煌 70 年访谈录》。北京：北京理工大学出版社，2013 年，第 3 页。

条件下办学，培养出许多"既是技术的专家，又是革命的通才"①，如曾在东北地区领导过科学工作的地质学家武衡。学校拥有大量科研成果，在实践中得到较好的应用，如化学家华寿俊与妻子王士珍共同研制的马兰草纸为边区提供了充足的纸张供应，自然科学院副院长陈康白参与建设的盐田解决了边区食盐短缺问题，另有农林生物学家乐天宇等编写的《陕甘宁边区植物志》等成果。

随着形势变化，学校辗转华北办学，1948 年定名为华北大学工学院。1949 年迁入北京，将始建于 1920 年的中法大学本部和数、理、化三系并入，同时接收了原中法大学的 30 余名优秀教师和各类图书、设备，重新办学。新时期学校的办学是为了满足国家"兵工提前建设"的方针，为国家培养国防兵工类技术人才。此后，1952 年改名为北京工业学院，1988 年改名为北京理工大学。1995 年，学校首批进入"211 工程"建设高校行列，2000 年进入国家"985 工程"高校行列，2017 年入选国家"双一流"建设高校名单。

北京工业学院在当时是一所以培养国防建设高级工程技术人才为主的学校，在第一个五年计划期间，学校聘期了苏联专家来校帮助建设，在苏联专家的建议下，学校拟设置 11 个兵工专业，包括火炮设计与制造、自动武器设计与制造、炮弹设计与制造、引信设计与制造、无烟药制造、炸药制造、装药加工、光学仪器设计与制造、雷达制造、坦克设计与制造、坦克发动机设计与制造。②

其中，"光学仪器设计与制造"主要针对军用光学仪器制造，是我国第一个军用光学仪器专业，开创了研究制造各军兵种所需光学仪器的先河。当时，军用光学仪器专业是我国紧缺专业，中华人民共和国成立初期，仪器专业薄弱，尤其缺少国防军事专业所需的光学仪器。1949 年之前，在偌大的中国，像样的光学工厂仅有云南昆明的光学工厂和寥寥 29 家科学仪

---

① 桑珊飞:《红色征途——北京理工大学辉煌 70 年访谈录》。北京：北京理工大学出版社，2013 年，第 3 页。

② 安连生:《璀璨之光：光电学院学科（专业）发展史》。北京：北京理工大学出版社，2010 年，第 3 页。

器制造厂，既不能制造光学玻璃，也无法制造工业所需的大型仪器，更别提军事工业所需的各类光学仪器了。为此，中国科学院成立了仪器馆，专门从事仪器制造研究工作，早期主要针对工业生产和科学研究部门所需的各类民用仪器。同时，一些大学设置了光学仪器专业，例如浙江大学在1952年率先设置了光学仪器专业，当时对高校光学专业的说法是"南有浙大，北有京工"。不过，针对军用光学仪器的制造和研究专业，北京工业学院是全国领先的，这个专业后来发展成工程光学系，它是从仪器系分出来的，周立伟正是这个专业的第一届学生。

> 20世纪50年代初，进行院系调整时，北京工业学院（现北京理工大学）当时隶属兵器工业部，学科专业方向是为我国的兵器工业培养技术人才。北京工业学院开始设立仪器系时，专业范围很广泛，包括雷达电子、光学仪器、自动控制（当时还没有电子计算机，但已有点解算器课程）等。1953年，仪器系正式设立军用光学仪器专业，随着时代的发展，后来命名为工程光学系、光电工程系，直到今天的光电学院。[①]

初来首都北京，周立伟心情激动。这是他第一次走出上海，来到一个完全陌生的北方城市。北方冬季寒冷，气候干燥，许多生活习惯与上海完全不同，但年轻的他很快就适应了。当时北京工业学院的校址有两处：主校在车道沟，即现在的兵器科学研究院；另一处在东皇城根，原址是中法大学，当时的化工系在那里。车道沟校区有一座大屋顶的红楼，建造得很漂亮，被称为延安大楼。周立伟这一届学生就在延安大楼里上课学习，宿舍在离大楼不远的小平房里，来去十分方便。当时学校仅在延安大楼里为新专业的学生们设了两个实验室，学生做实验都在这两个实验室内完成，有时候实验室不够用，他们就要去东皇城根校区里一间地下室的光学冷加工实验室做实验。

---

① 周立伟：缅怀马老，学习马老——在光电学院纪念马士修教授半身塑像前的讲话。见：周立伟著，《藏绿斋札记：感悟人文》。北京：北京理工大学出版社，2016年，第173页。

图3-4　大学时期的周立伟（左一）和同学

学校还在白石桥附近申请了一块约一千亩大小的地皮，用作建设新校址，新校址与当时正在建设的友谊宾馆相邻，也与正在建设的中关村科学城距离不远。那时候的海淀区还是北京的郊区，入眼即是一片农地，十分荒凉，一下雨便泥泞不堪，当地人称为"跑马圈地"。周立伟这一届学生在车道沟校区一直待到了1956年，而后搬到北京工业学院位于白石桥路7号（现中关村南大街5号）的新校址。国家对北京工业学院投入很大，新校区的校舍高大宽敞，尤其是新建设的实验室，拥有从德国蔡司、瑞士进口来的精密坐标镗床、S28精密螺丝车床、万能工具铣等，这在当时是十分先进的。

北京工业学院的仪器制造系下设两个专业，军用光学机械仪器专业（包括炮兵光学机械仪器与航空光学机械仪器）和火炮设计指挥仪专业。这两个专业都是国家急需的，也是学校要重点发展的。周立伟所在的军用光学机械仪器专业的学生除了当年新招入的应届生和调干生，还有从机械系1951年、1952年和1953年入学的学生中抽调出来的。周立伟记得转来本专业的几位高年级同学，1951级有一位叫伍少昊，是搞天象仪的；一位叫丁汉章，是搞光学设计的；还有唐良桂、张炳勋、陈晃明、甘子光等人。他们是我国当代光学仪器专业先行者。1952级转来学光学有两位，一位叫袁旭沧，后来研究光学设计；另一位叫苏大图，研究光学测量。"他们都很努力勤奋，为我们的光学工程学科建设作出了很大贡献。"①

————————————————

① 周立伟访谈，2018年8月14日，北京。资料存于采集工程数据库。

学校重视对学生专业的培养，在课程设置上，广泛涉及精密机械、光学仪器、模拟计算和设计控制科学范畴。为了更好教学，仪器制造系设置了两个教研组，第一教研组为光学仪器教研组，开设光学仪器理论、炮用机械、光学仪器、光学玻璃制造工艺学、物理光学、光学测量、光学仪器装配与校正、瞄准器射击控制仪及同步传动装置；第二教研组为精密仪器教研组，开设仪器零件与结构、仪器制造工艺学、计算机及其机构、自动控制及远距离控制。

这些课程对于新成立的军用光学仪器专业任教老师来说，是十分陌生的。当时国内其他大学没有相关专业，老师们找不到可以参照的教学计划，教学中遇到很多困难，年轻的教员们经常是早上听专家上课，下午给学生上课，由于师资匮乏，不少教员都是从学生中抽调出来的，突击学习某一门课，然后再去教原来的同班同学。[1]

尽管在摸索中办学，但北京工业学院已尽力为这个新专业配备较好的师资力量，例如第一教研室的负责人是有留法经历的马士修教授，他也是令周立伟印象深刻、终身铭记着的一位优秀的榜样教师，他心中的马士修教授是"一位纯粹的学者，忠厚的长者"。

马士修（1903—1984），直隶高阳人。1923年赴法国凯恩大学理学院学习，先后获得预备电机工程师及数学教学硕士学位、预备物理学教学硕士学位、物理学博士学位。1935年回国任教中法大学，1950年转入华北大学工学院。1952年马士修从物理教研室转到新成立的军用光学仪器专业，负责专业建设和教学工作。在没有参照的条件下，他为新专业设置课程、拟定培养计划，先后开设物理光学、应用光学、电子光学、光学仪器等众多课程，在这个专业的发展历史上立下了赫赫功劳。

马士修有很高的民族气节。抗日战争时期，中法大学被迫关闭，马士修作为留守人员在学校照看实验室和其他资产，仅靠香港中法大学寄来的一点看守费苦苦支撑，香港沦陷以后，他的经济来源中断了，一度靠变卖家产度日。这期间，他挨过饿、受过苦，但一直拒绝为敌伪政权工作，也

① 安连生：《璀璨之光：光电学院学科（专业）发展史》。北京：北京理工大学出版社，2010年，第6页。

绝不肯去敌伪的大学里教书。1948 年秋北平解放前夕，法国凯恩大学曾给马士修发来邀请函，请他前去任教，并承诺提供优厚的生活和工作条件，但马士修希望把知识奉献给自己的祖国，便拒绝了邀请。中华人民共和国成立以后，马士修一直兢兢业业工作，培养了一批又一批优秀人才，为国家的物理和光学工程事业奉献了自己的一生。

马士修教授是一位忠厚的长者，他埋头教书、钻研学术，很少过问其他事情，但他关心学生们的学习和生活，学生遇到困难他都想办法帮助解决。他踏踏实实工作，认认真真做学问，深受师生们的尊敬和喜爱。周立伟至今还记得当初马士修教授讲课的模样：

> 马老师讲课的时候，先把讲授的内容往黑板上抄，抄完后他逐句解释其概念和细节。这样，学生在课堂上能完全记下他讲授的内容，课下认真复习便能深刻理解并掌握要领。这样的讲课方式，可能现在的年轻人看来觉得效率不高，但对当时的学生来说，学习时概念清楚，细节都不放过，因而基础打得十分扎实。[1]

周立伟精心保存着马士修讲授的《光学仪器理论》课程的学习笔记本。那时马老师上课，他就在下面飞速地记笔记，一堂课下来记下了十几页。回宿舍后，他再反复温习这些笔记，把老师讲授的吃透了，就这样渐渐打下了扎实的基本功，也渐渐喜欢上了马士修教授的光学仪器理论课程，光学仪器的基本原理让他感到十分有趣味。马士修经常随堂小考，每上几堂课他就要小考一次，检验学生们对知识的掌握情况，一旦发现有学生跟不上进度，他便会调整讲课的方法。周立伟因为学得认真，每一次考试成绩都不错，其中四年级第一学期一共考核了 17 次，他有 16 次的成绩都获得了"优"，仅有一次是"良"，在班级里算是出类拔萃了。[2]

---

[1] 周立伟：缅怀马老，学习马老——在光电学院纪念马士修教授半身塑像前的讲话。见：周立伟著，《藏绿斋札记：感悟人文》。北京：北京理工大学出版社，2016 年，第 173 页。
[2] 周立伟成绩档案，原件存于北京理工大学档案馆，复印件存于采集工程数据库。

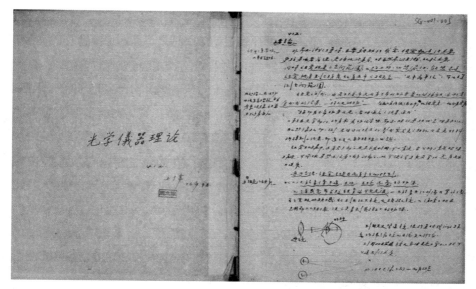

图 3-5　1956 年 9 月周立伟的光学仪器理论课堂笔记

后来，周立伟大学毕业留校，也是在马士修的直接领导下开展工作。马士修对年轻一代寄予厚望，希望他们都成长为有用之才。他希望周立伟从事夜视方向，成为学校即将开办的新专业的顶梁柱，他带着周立伟和另外几位青年去中国科学院长春光学精密机械与物理研究所学习，推荐他们去北京大学听课，在周立伟留学苏联之前，他不忘殷殷嘱咐他一定要好好学习，学成归来为建设国家急缺专业服务。

周立伟受马士修的影响很深，尤其是他脚踏实地、兢兢业业的工作和研究精神。"大跃进"运动时期，学校里搞"教育革命"、系里学生催促马士修写一份教材，然而他只写了 800 字交给学生们，这引起了很多人的不满，有人质疑说：北大文学系师生们几天就写出一本几十万字的新书，你怎么才写 800 字呢？马士修回答："如果我能每天写出 800 个字，我就谢天谢地了。"马教授交出的这 800 字，是他精心思考总结出来的教学计划，字字珠玑，绝非违背科学精神、一蹴而就的泛泛之谈。无论在什么形势下，马士修想的总是，做学问不能随波逐流，一定要追求科学的真理。

马士修为教育事业默默奉献，他的精神一直感染并激励着学校师生，他被公认为是北京工业学院（北京理工大学）光学工程学科的创始人。尽管"文化大革命"中，马士修受到了不公正对待，但他依然坚持自己的信念，相信真理。他的一生，从未计较过名利得失，总是过着简朴的生活，把全部的精力和情感都放在光学教育事业上。20世纪80年代中期，在他去世以后，家属遵照他的遗愿，将他几十年来省吃俭用储蓄下来的2万元全部捐给了学校，设立了马士修工程光学奖学金，以奖励从事光学工程研究的青年学子们。

2013年，在北京理工大学光电学院建立60周年之际，学院大楼内竖立起一座马士修的半身塑像，纪念这位令人尊敬的老教师，纪念他为学校、为光学工程教育事业作出的开拓性贡献。每天清晨，周立伟去办公室的路上都要经过这座塑像，不禁回忆起师从马士修教授，以及和马教授共事的日子："他纯朴正直的品德和勤奋求实的学风，总是激励着我前进。他对祖国教育事业的忠诚，他对青年一代的关爱，他一以贯之与人为善的诚恳态度，他那刻苦钻研、严谨求实的纯朴学风，始终是我学习的光辉榜样。"①

图3-6 北京理工大学光电学院大楼内的马士修教授半身塑像

除了马士修教授，当时的授课教师还有于美文老师，1948年毕业于西北大学物理系的她开设的是大学物理和大学物理学实验课程，还编著了教材《物理光学》，成为相关专业学生争相传阅的经典。此外，青年教师还有樊大钧老师，他1950年毕业于前国立北洋大学机械系，主要是作为马士修教授的助手，参与新专业的创办工作，同时为学生

---

① 周立伟：缅怀马老，学习马老——在光电学院纪念马士修教授半身塑像前的讲话。见：周立伟著，《藏绿斋札记：感悟人文》。北京：北京理工大学出版社，2016年，第176页。

开设精密机械和应用固体力学方面的课程。连铜淑老师，1952 年提前毕业于清华大学机械系，他在学校里协助苏联专家开展工作，参与编写光学仪器理论和应用光学的教材。李德熊老师，1952 年毕业于清华大学机械系，他在新专业创办过程中担任过助教，后来在航空摄影、高速摄影和遥感技术领域内发挥了作用。周立伟对连铜淑老师和李德熊老师印象深刻，他们年岁相近，有很多共同的话题，他也很佩服这两位老师的学识，认为他们教学有方法，给予了他很多帮助。

> 当时教我们的老师，其中有两位，都是清华大学提前毕业，学了三年就到我们这里来教书。一位叫连铜淑，另一位叫李德熊。我觉得他们特别聪明，虽然他们是我的老师，但年龄和我差不多，仅比我大两岁，他们是我的先生，我在他们身上学到不少东西。①

另外，在中苏合作的大背景下，北京工业学院聘请苏联专家为学校建设出谋划策，同时培训学校的青年教师，其中新成立的军用光学仪器专

图 3-7　20 世纪 80 年代周立伟（左一）与连铜淑、李德熊、魏光辉合影

---

① 周立伟访谈，2018 年 8 月 14 日，北京。资料存于采集工程数据车。

业，作为学校的重点规划，是苏联专家的重点援助对象。例如，在北京工业学院工作了近三年（1953 年 11 月—1956 年 7 月）的苏联专家费多托夫，他是一名技术科学副博士，研究领域是航空光学机械仪器和炮兵光学机械仪器，他为学校编写了《炮兵光学机械仪器及航空光学机械仪器》讲义，还开设了航空光学机械仪器课程，并帮助新专业编制了军用光学仪器设计与制造专业的教学计划。

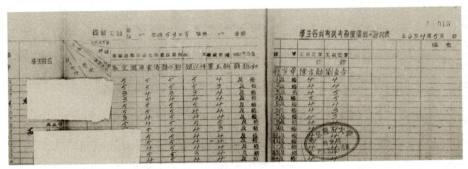

图 3-8　周立伟大学一年级第一学期各科考试成绩

　　周立伟十分珍惜学习的机会，大学四年中，他上过光学仪器理论、物理光学、仪器制造工艺、机械原理、机械制图设计、仪器零件、金属学及热处理、电工学、切割原理刀具与机床等一系列专业课程。为检验新专业的教学成果，了解学生的真实水平，那时候学校经常组织考试，考试科目也很多，每学期的期末，学生们都要经历为期一个月的紧张考试，这也是从苏联学来的教学方式。考试采取笔试和口试结合的方式，每张考卷有 3 道题，前两道题一般较为容易，主要是基本概念，大都是老师在课堂上讲过的，难度不大；第三道题难度较大，通常是综合题及计算等。考试前的老师不划重点，凡讲过的都要考，学生进考场后随机抽取试题，谁也不知道自己会抽到什么考题。因此，学生们复习课程一点都不敢马虎，唯恐漏掉重要内容，考试时答不出来。周立伟平时学习就很刻苦，再加上细心，每个知识点都记得很牢，考试成绩大多是"优"或"良"，在班级 44 人中，他的考试成绩一直处于中上游水平。

　　除了上课，周立伟还去工厂实习。1955 年，他和同学到哈尔滨量具刃具厂参加认识实习，记了满满两大本笔记。1957 年，周立伟所在专业的大部分同学在李德熊老师的带领下，前往昆明海口国营云南光学仪器厂（298 厂）参加生产实习。那次实习十分艰苦，因为西南交通不便，他们从北京出发，先坐火车，再转汽车，最后再步行前往，翻山越岭、长途跋涉，光去工厂的路上就走了 7 天 6 夜。一个月的实习期让大家很有收获，他们把课堂上学到的理论用在了实践上，周立伟亲眼看到了光学仪器的制造过程，还能够将之与课堂上学习的理论知识进行联系和对比，从感性到理性，他真正学会了不少实用的知识。

昆明 298 厂坐落在昆明西山区海口镇，在闻名遐迩的风景区滇池湖畔，是我国老牌的光学工厂，也是我国第一所光学厂。这个工厂是抗战时期由国民党政府建立的，当时为兵工署第 22 兵工厂，后更名为兵工署第 53 兵工厂光学厂。工厂底蕴丰厚，我国著名光学专家龚祖同就曾在这个工厂工作过。工厂曾以制造过六倍双眼望远镜、八十公分测距仪、简单的各式迫击炮瞄准镜以及行军指南针等光学仪器而闻名，1949 年以前是我国少有的光学仪器工厂，也是我国军用光学工厂之首。1949 年以后，该厂改名为中央兵工总局第 298 厂。这所工厂拥有很多优秀的科学家、技术人员。抗美援朝期间，工厂为军队制造出指北针、望远镜、瞄准镜等仪器，提供了大量后方支撑。1956 年 1 月，应时任国防部长彭德怀元帅要求，298 厂开始研制红外夜视仪器，这在国内也是十分领先的。周立伟的班级选择在这所工厂实习，切合专业的培养目的。实习期间，周立伟认真学习，向技术人员和工人师傅请教，记录了厚厚的实习笔记，里面有详细的机械作图和工作方法，还有他自己的心得体会。这次实习是他读书期间最难忘的回忆之一，如今这本实习笔记和 1955 年哈尔滨量具刃具厂实习笔记，一同陈列在北京理工大学校史馆，成为新生入学教育的参观展品。

在校期间，周立伟掌握了扎实的理论知识和实践技能，养成了良好的学习习惯，为以后从事科学研究打下了良好的基础。在校期间，除了光学仪器理论的课程，他在机械方面的课程也学得很好，这得益于他在国立高机机械专业的基础以及华通电机厂的工作经验，特别是他画的图纸，经常被作为范例展示。

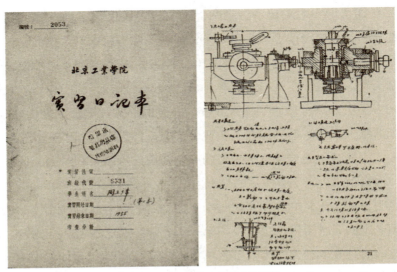

图 3-9　1955 年周立伟在哈尔滨量具刃具厂实习时的笔记

到北京工业学院上学后，我画的图，当年在全校是最好的。制图教师对我说："你的制图很好，画得比我们老师好"，甚至开玩笑说，"你不用再上制图课了"。当时，我画的图拿到全校展览。我在大学期间在下厂实习的时候就画了很多图，我的测绘能力很强。①

难忘 8531 班

周立伟 1953 年入学时，军用光学仪器专业在学校 11 个专业中位列第八，他被编入第一班，因此他所在的班级编号为 8531 班，全班共有 44 名同学。

8531 班当时被认为是全校成绩最优秀的班级。首先，入学分班时学校把考分最高的学生分在第一班；其次，这个班级学习气氛浓，学生学习

---

① 周立伟访谈，2018 年 8 月 14 日，北京。资料存于采集工程数据库。

图 3-10　大学时期 8531 班部分同学合影（后排左三为周立伟）

成绩好，许多同学平时成绩和期末考试都是"优"。周立伟记得 1955 年的期终考试，班上有 1/3 的同学功课都是满分 5 分，这在考试制度十分严格的当年是极不容易的。老师们都喜欢给 8531 班上课，因为这个班的学生理解能力强，学习刻苦，老师讲课也带劲。周立伟记得，当时大家在学习上你追我赶，都以期末考试取得优秀成绩为荣，那时候自己也想取得好成绩，每天夜以继日学习，教室 – 食堂 – 寝室"三点一线"，恨不得把所有时间都用在学习上，"班上强手如林，许多同学理解问题比我快，思考比我深入，而且有一套很好的学习方法，我得更加努力才能赶上他们。我和大家一样，学习都很用功，星期天也极少休息。"①

尽管在学习成绩上互相竞争，但同学们相处十分融洽，在生活都是互相帮助。8531 班里，和周立伟关系最好的朋友是杜国华，大家叫他"老杜"。杜国华是四川人，他各方面都很优秀，后来担任过重庆矿山机械厂和重庆开关厂的总工程师，还当选为重庆市人大代表。周立伟与杜国华曾

---

① 周立伟：为了 50 年未曾忘却的纪念——献给 8531 班 1957 年受难的同学。见：周立伟著，《藏绿斋札记：感悟人文》。北京：北京理工大学出版社，2016 年，第 224 页。

一起在上海复旦大学的补习班学习，一起作为调干生考入北京工业学院，还成了同班同学，这真是难得的缘分。老杜年龄稍长，性格直爽，作为一位资深的老党员，他来到8531班以后发挥了模范作用，积极担任班级党支部干部，热心为同学们服务。虽然老杜的学习基础差，但他有一股执着的钻研精神，格外珍惜学习的机会，经常超负荷学习，早上起得最早、晚上睡得最晚，是班级里学习最刻苦的人。周立伟记得，老杜每次只要在学习上遇到难题，就是不吃饭、不睡觉也一定要把知识点一一吃透。有一次，周立伟和老杜讨论微积分，二人为极限的概念争论起来，老杜批评周立伟没有把概念弄清楚就放过去了，周立伟嘴上说老杜钻牛角尖，心里却十分钦佩老杜的执着精神。老杜常说，学习上不能浅尝辄止，一定要把知识点都弄明白。周立伟和老杜关系亲密，经常一起谈心，老杜把他当作弟弟，常给他讲为人处世的道理，不能总是"你好、我好、大家好，不知人世之复杂"。周立伟知道老杜这是为了自己好，提醒他与人交往时要保持警醒，他把老杜视作兄长一般尊敬。

1956年，在杜国华和李运元两位同学的介绍下，周立伟递交了入党志愿书，光荣地成为一名预备党员。如今在北京理工大学档案馆保存着周立伟于1956年1月12日向8531班党支部递交的一份入党志愿书，志愿书大约3500字，体现着一位进步青年的真情实感：

　　摆在我面前的是，应该如何呢？还是像以前那样很受感动，要想前进呢？还是下定决心一定要前进呢？
　　……
　　作为一个青年团员的我，我愿意把自己的一生献给革命，做一个光荣的共产党员。与祖国的期望及党的要求比起来，我是做得很差的。因为做一个党员，他是一个具有最大的坚强精神，无限忠诚祖国，全心全意为共产主义奋斗。正如斯大林纪念列宁时说过"我们共产党员是具有特种性格的，我们是由特殊材料制成的"。因此，作一个党员，不仅是光荣的，而且也意味着要迎接困难，克服困难。
　　……

我的决心就是：把自己的一生献给党，把斯大林的事业坚持到底。在我生命的旅程上，不管道路如何艰巨，不管前面有多少困难，永远跟党奋勇前进，决不投降，永不叛党，坚持到底。[①]

周立伟那时以苏联、以斯大林为标杆，主要是因为在中苏友好的气氛中，全国上下掀起了热烈的学习苏联的浪潮。他的志愿书反映了他对马列主义和中国共产党的真诚信仰，他热切希望加入党组织、成为党组织的一员，热切希望以中国共产党党员的身份，为人民服务。回忆自己的思想历程，周立伟说："我热爱和平，希望大家能友好地活着。这些年我一直是以自己的信念生活着，绝不与那些伪君子同流合污。"

周立伟一直严格要求自己，学生时期他最爱看的小说是《钢铁是怎样炼成的》和《牛虻》，尤其崇拜保尔·柯察金。他认为保尔·柯察金就是他的人生路标，像一面旗帜、一根标杆，引导着他未来献身建设祖国的伟大事业——"人，最宝贵的就是生命。生命对于我们每一个人来说只有一次。一个人的生命应当这样度过：当他回首往事的时候，他不致因虚度年华而悔恨，也不致因碌碌无为而羞愧。"青年时期的周立伟单纯又执着，在后来的时光中，他以实际行动践行了当初立下的誓言：即使是在不良的环境下也绝不与和人民利益相悖的人、事同流合污，要为国家的科学事业奋斗终生！

另一位对周立伟为人处世有很深影响的同班同学是张瑞云。张瑞云出身名门，但为人丝毫没有架子，她追求进步，中学时候便积极入了党。张瑞云常和同学们说，自己家的家训是"认认真真读书，老老实实做人"。周立伟眼中的张瑞云总是充满朝气，有着使不完的劲儿，她无论说话、做事和帮助人都饱含热情，亲切又诚恳。周立伟常以张瑞云为榜样，说如果自己入了党，一定也要像瑞云那样，真诚待人，踏实做事。张瑞云因为共青团工作的需要被调到校团委，后来到北京大学工作，成为教授级高级工程师。

8531 班同学在校期间学习成绩好，毕业后在行业内也是优秀人才。

---

① 周立伟：入党申请书。1956 年 1 月 12 日，未刊稿。存于北京理工大学档案馆。

在改革开放的年代，8531 班的同学是好样的：邦益、辉洲、琳玉都当了大厂的厂长、总工程师；邦益还当上了省经委副主任；辉洲成为国内著名的医疗器械专家，金堂是我国第一台上天的胶片式航天相机的总设计师（王大珩先生在会上不止一次提到金堂的贡献，说他是吃第一个馒头的人）；瑞明、开源也当了厂长，耀升、周行等升为研究员，拱北当上了物理系系主任……还有不少同学是研究所、工厂、高校的骨干或部门领导，在工作岗位上作出了自己的贡献。[①]

8531 班人才济济，同学们不仅学习成绩好，文体方面也各有所长，有的同学会唱歌，有的同学会跳舞，有的同学擅长表演，还有的同学每次参加运动会总要得第一……周立伟记得那时候班上经常举办丰富多彩的文娱体育活动，他爱听邦益引吭高歌："我站在高山巅上，望黄河滚滚奔向东方……"歌声动听，嗓音清亮。辉洲有很强的表演天赋，表演过小品《自命不凡的小高》，动作滑稽，扮演活灵活现，令全班捧腹大笑。燕梅既会唱歌也会跳舞，是班上的文娱委员，每周都组织同学们学习新歌；有一次教大家唱苏联歌曲，周立伟怎么学也学不会，最后只能用五音不全的嗓子哼唱。还有跑步跑得最快的体育委员开源，100 米跑出了 11.2 秒的专业水平，令体育课成绩很差的周立伟又佩服又惊叹……

周立伟喜欢这群善良又有才华的同学们，他热爱这个集体，时常怀念在 8531 班度过的难忘时光。他和同学们感情很好，青年时代结下的友谊真诚、难忘，数十年来，他和许多同学还保持联系，只要有空，他就和老同学们聚会。

我屡次出差昆明，有时就住瑞明、圭尧家，并且和邦益、运元、瑞明、圭尧四人经常相聚，圭尧来京有时也住我家，他的孩子晓瑞在京补习托福 3 个月期间一直和我们住在一起，我们把她当作自己的女

---

①　周立伟：为了 50 年未曾忘却的纪念——献给 8531 班 1957 年受难的同学。见：周立伟著，《藏绿斋札记：感悟人文》。北京：北京理工大学出版社，2016 年，第 238 页。

儿。改革开放以来，8531班同学联系很密切，在京同学差不多年年聚会，欢聚畅谈；一遇到有同学生病，很多人便去探望。辉洲还专门组织在京的8531同学畅游延庆，邦益来京出差时还专门设宴招待北京的同学们。①

1953—1956年，8531班度过了快乐而平静的三年。但接下来的1957年是艰难的一年，特殊的政治环境令这个班级经历了难以磨灭的创伤。在反右派斗争中，班里44人有11人被划为"右派"，12人受到处分，周立伟也未能幸免。

反右派斗争期间，对周立伟影响最大的，是他的好友、兄长杜国华受到了冲击。在一次"鸣放会"上，党支部点名让老杜发言，老杜当时并没有准备，便实话实说："老开会，老开会，开会能开出共产主义吗？一些老

图3-11　2006年8531班老同学合影（后排右四为周立伟）

　　①　周立伟：为了50年未曾忘却的纪念——献给8531班1957年受难的同学。见：周立伟著，《藏绿斋札记：感悟人文》。北京：北京理工大学出版社，2016年，第238页。

干部进城后把自己乡下的老伴抛弃了。"年轻人的想法很直接，并没有什么恶意，但这两句话却令老杜遭受了 22 年的磨难——他很快就被扣上了"极右"的帽子，被批判是"向党进攻"，甚至被赶出学校，发配到工厂接受劳动改造。周立伟为老杜的遭遇感到不解和愤怒，他心目中的老杜是一位老党员，思想正派、学习刻苦，并没有做错什么事、说错什么话，只是因为说了两句心里话，平白遭受了磨难。但老杜一生的事业却因此被耽误了。

另一位遭遇不幸的同学姓张，被周立伟形容是"同学中最最最老实的人"。他平时沉默寡言，但因对现实怀有不解和不满，便写了一首快板书《听我言》，发了几句牢骚，结果另一位姓杨的女同学把这首快板书抄在黑板报上，两人便都因此成了"右派"。

随着班里的同学一个个接连成为"右派"，许多人被迫离开学校，他们有的被发配到工厂，有的被监管劳动。一时间，班上谁也不敢说话了，都怕自己成为下一个"右派"。

尽管周立伟谨言慎行，但在这场运动中也受到牵连。有一次支部活动中，大家为一篇支持"鸣放"的稿子是否要在校园广播电台播出进行表决，周立伟觉得整风是党中央的号召，应该支持。他的行为被"有心人"记录下来，不久便被批为是"整风期间思想右倾、温情"，从而被延长党员预备期半年。对此，周立伟虽然委屈，但也感到侥幸，毕竟班里已经有许多同学受到更严厉的处分，而因为自己"工农出身"和好的人缘，没有被取消党籍，算是"逃过一劫"。但他的情绪也受到了很大影响，在很长一段时间内心思恍惚，对现实感到困惑和不解，常常想起被逐出学校的同窗，他学习成绩也明显退步，就连以前学得很好的俄语也只考了 4 分。

8531 班在反右派斗争中的风波令周立伟一度心有余悸，他替那些遭难了的同窗惋惜，对颠倒黑白者和告密者感到愤恨。在很长一段时间内，他总是暗暗告诫自己：多钻业务，对政治问题不要发言，也不要参与。他甚至把上大学以来写的有关思想片段、日记等材料都销毁了，仅保留学习笔记本、实习日记本，生怕引来麻烦。

8531 班那些遭难的同学们后来在工作岗位上有的依然奋进，有的郁郁难以施展抱负，他们都错过了人生最好的年华。直到 1979 年末平反错划右派 54.7 万人，这 11 位被错划右派的同学才得到了平反。

时隔多年回想起这场运动，周立伟感叹人与人之间应该更加宽容，吸取历史的教训："如果没有 1957 年的打击，不少同学对国家的贡献会更大，因为他们比我聪明和优秀。无论如何，我们用自己的行动证明，8531 班同学不愧是祖国的优秀儿女。"①

<hr />

① 周立伟：为了 50 年未曾忘却的纪念——献给 8531 班 1957 年受难的同学。见：周立伟著，《藏绿斋札记：感悟人文》。北京：北京理工大学出版社，2016 年，第 238 页。

第四章
结缘夜视

转攻夜视技术

在军事领域，有一门学科叫作"夜视"，在20世纪50年代属于国际尖端的科学技术。夜视技术借助光学仪器，使人在黑暗环境下也能看清世界，军队可以利用夜视仪器在夜间战场上看清敌方动向，从而掌握战争的主动权。这是当时军事领域的关键技术，周立伟是全国较早从事这一领域研究的先行者，至今已持续一个多甲子。如今，他被人们称为中国夜视技术的"先行者"，他用毕生的努力，不忘初心，终于实现了自己事业上的理想和追求。

作为国防军工院校，北京工业学院根据国家需求积极探索科学研究的新方向。根据校史资料，1956—1968年，仪器系的科学研究方向及主要项目有22个，主要围绕军用光学机械仪器，包括研究火炮、坦克和航空中用于瞄准、测距的各类观瞄仪器为特征的军用光学机械仪器，聚焦地面瞄准具和航空瞄准具有关原理、方法、测量精度等问题，这些专业设置既与学校建设的实际情况相关，也与当时的国防需求有关。1957 年，北京工业学院仪器系进一步建立了光学理论、精密机械制造工艺、军用光学机械仪器、自动控制、火炮射击指挥仪、仪器零件 6 个教研组。1958 年，军用光学仪器细分为结构设计专门化和光学设计专门化，1959 年设置夜视技术、传感器、天文导航、红外探测四个专业。

　　1958 年，周立伟大学毕业，他原以为自己是从工厂来的，专业是军用光学仪器，擅长光学与机械，组织上一定会分配自己到兵器工业部所属光学仪器厂或相关研究所去。他已经做好了随时去工厂的准备，也满心期待重新走上工作岗位。可是没过多久，仪器系领导李振沂副主任找他谈话，说他学习成绩不错，又是调干生，问他是否愿意留校当老师，从事一个新方向——夜视技术的研究，这是学校因近战夜战需要而设置的新学科专业。那时候对于毕业去向，同学们完全服从组织的分配。领导希望周立伟研究的这门学问，当时在全国也没有几个人在做，可以说是一没有基础、二没有参照，难度很大，许多人一听就产生了畏惧之心。但周立伟心里有一股傲气，那就是越难的事，他越要做！

　　关于周立伟留校还有个小插曲，当时一位同班同学要被分配到位于昆明的云南光学仪器厂，但这位同学的恋人将要留校，他想和周立伟调换一下——周立伟去昆明，他留在学校。周立伟想着，自己是从工厂来上大学的，毕业回工厂工作也很好，欣然应允了。他去找系领导马志清副主任说这件事，然而马志清不但不同意，还严厉批评了周立伟：毕业生分配是组织上的决定，不是谁想换就可以换的！领导语重心长地告诉周立伟，留校这件事是组织上早就看好的，半年前系里就开始考察周立伟的学习和

图 4-1　1958 年周立伟留校时的照片

政治情况，并且询问过很多任课教师，大家都一致推荐周立伟为最佳候选人，给了他很高的评价，学校对留校人选早已有了决定。周立伟听了领导的话，心里很感动，感受到学校对他的信任，感激老师们对他的爱护，在后来的职业生涯中，他一直把这件事记在心里，下定决心尽自己所能建设好学校的新专业。

当时国外的夜视技术也处于起步阶段，主要为主动红外夜视技术，后称"零代夜视技术"，即用红外探照灯照射目标，红外变像管接受由目标反射回来的红外线，将夜间不可见图像转换为可见的清晰图像。因此，设计和制作红外变像管是夜视技术的一个重要内容。红外变像管是一个电子光学器件，通过在管内形成静电电位场实现电子聚焦和成像。我国研究夜视技术起步较晚，1951年抗美援朝时期，我方士兵在黑夜里总是受到美国狙击手的攻击，正是因为美方有红外夜视仪器，在漆黑的夜晚也能将目标看得很清楚。黑暗环境下，需要向对方发射红外线照射，利用反射的红外辐射来看清敌人，这种夜视被称为主动红外夜视，它需要一个发射红外线的辐射源。当时，我国并未掌握这种十分尖端的技术，在战争中屡屡吃亏，因此，国家迫切需要对这一领域进行了解和研究。

1958年，解放军和国民党军队在福建沿海交战，国民党的飞机配备最新的"响尾蛇"导弹，能够自动追踪产生红外线热源的目标。其中一个导弹被我方缴获后，拿到北京组织有关单位研究，但因为当时我国对红外技术了解得太少，仿制没有成功。后来，苏联专家来到中国，他们把实物带回苏联，自行研究制造出来，又把全套图纸以巨款卖给中国，让我国仿制。这件事深刻触动了大家，北京工业学院就是在这个时候为了国家的需要，开展了夜视与红外技术的研究。

当时，有些单位也在进行相关研究任务，例如中国科学院长春光学精密机械与物理研究所（初建时为仪器馆，当时简称光机所）就是我国较早从事夜视技术研究的光学机构，且已经取得了一些进展。1958年，台海形势严峻，我方军队肩负的侦察任务十分繁重。当时我方侦察装备落后，因为没有红外技术，部队侦察只能在白天进行，夜晚视野不佳。能不能研制一种白天夜晚都可以侦察的望远镜呢？1958年底，鉴于光机所已经研制出大尺寸的优质光学玻璃，且具备一定的光学设计和加工能力，王大珩和龚祖同两位光学专家、研究所领导提出"增大观察望远镜入射孔径以提高观察性能"的建议，研究所随即展开了大倍率军用观察望远镜的研制工作，于 1959 年制成大倍率军用观察望远镜，在军界实战中得到成功应用，为我国夜视技术发展打开良好局面。

作为一名刚毕业的大学生，周立伟要迅速成长为北京工业学院新兴专业的青年科研骨干，他面临的任务艰巨。夜视技术是一门复杂的专业，涉及物理学、光学、机械、电子等多学科。马士修教授综合考虑周立伟的特长，给他定下的主攻方向是电子光学，同时研究光阴极与光电发射等。当时进行相似研究任务的有北京大学和中国科学院，这两个单位都投入力量，研究光如何通过光阴极激发出电子的物理机理，这也是当时的热门课题。

> 我国夜视研究是从 1958 年开始，最早是长春光机所在研制，产品是从最简单的管型开始。当时美国的红外变像管的专利已经公开了，于是我们仿制美国的 6929、6914 管子，和仿造苏联的 Π4、Π3 管，但我们没有自己的设计能力，部分还是靠进口苏联的管型。最早开始研究的是红外变像管，并没有微光管。微光管是 20 世纪 60 年代才开始的，中苏关系恶化以后，微光器件也是全靠我们国家研究人员自行设计，自行生产。[①]

研究夜视技术，意味着周立伟要放弃自己已经学习数年的光学仪器专业，也要放弃自己擅长的机械制图和设计，由工科转向理科，由光学转向夜视。周立伟服从组织的安排，一切为了国家需要。初入电子光学领域，他对夜视技术的许多基本概念都不了解，许多专业名词如电子光学、光阴极、荧光屏、变像管等，他都没有听说过。但是，周立伟从来不怕困难，更乐于接受挑战，他被时势触动，立志要创造自己的东西，他有一种精

---

① 周立伟访谈，2018 年 7 月 10 日，北京。资料存于采集工程数据库。

神——"不懂就学，贵在坚持；一年不行，就五年、十年"。

当时参与北京工业学院夜视专业筹建的，除了周立伟，还有比周立伟低一年级的邱永林和刘茂林，三个人在这一行里都是初学者，不知如何下手。在马士修教授的领导下，三个人进行了细致的工作分工：刘茂林负责行政和实验室，邱永林负责工艺；周立伟搞理论，任务是研究像管电子光学理论和设计，并分管教研室的业务。

周立伟负责理论研究工作，因此还承担仪器系电子光学课的教学任务。马士修教授是教研室的学术领导，平常给青年教师和学生上课，主讲电子光学。周立伟在马士修教授的课上从头学起，马教授在课堂上给学生讲课，他就来旁听，在下面认真做笔记，下课后复习马教授的讲稿，融会贯通后再去辅导自己的学生。为了攻克夜视器件的电子光学知识，周立伟补习经典力学、电磁学、电动力学、数学物理方程、电子光学基础等知识。为了学习光阴极的发射理论与制作工艺，他前往北京大学无线电电子学系的电子物理教研室学习进修，向教研室主任吴全德先生学习红外光阴极的发射机理，向刘鸿辉老师学习 Ag-O-Cs 光阴极的制作工艺。他还去光机所调研，著名的光学专家龚祖同的研究生王乃弘正在研究如何制作 Ag-O-Cs 光阴极及红外变像管。他们对周立伟也没有藏私。这些学习和进修令他掌握了电子光学的基本内容，对国内的研究热点也有了一定的把握。

当时北京工业学院筹建夜视专业的思路是从产品出发，也就是说，根据要解决的问题和要实现的目标来决定让学生学习哪方面的知识，上哪些课程，培养他们哪些方面的专长。最初的教学目标就是围绕变像管的设计与制作。一只红外变像管主要由三部分组成：一是光阴极，它把入射光子变为电子；二是电子透镜，即电子光学系统，它像光学透镜一样，把从光阴极逸出的电子，转移聚焦到成像面上；三是荧光屏，它位于成像面上，又把电子变为光子。当然，器件还需要施加电压的高压电源等。此外，还需要照射景物的红外辐射源，才能实现夜间观察。

周立伟按照夜视像增强器器件所需要的知识来给学生开课。基础课以工科为主，专业课就是根据夜视器件的构成，按照实际应用，把知识点掰开、揉碎，一点点讲给学生。这门课涉及多门学科和众多科学问题。例如，要把光子转变为电子，就需要开设光阴极的课；要研究电子在器件中怎么行进、怎么成像，就开设电子光学的课；在探讨电子如何转变为光子时，就要开设荧光屏的课；因器件需要小型高压电源，就需要电子学如高压电源的课。

> 我们不仅要让该专业的学生"知其然"，更重要的是让学生"知其所以然"。也就是，我们不是教学生一些科普的常识，了解所发生的一些物理现象，而是要使学生深入了解其机理和原理，以及思考问题的方法。这样，他们才能在未来的工作中举一反三，解决科学技术问题。我认为，我们当时的指导思想是明确的，我们努力进行专业建设以达到这个目标。[1]

这种方法起到了积极作用，满足了专业建设的急需，迅速培养起了一批能快速上岗的年轻人才。

夜视专业的学生，一开始是从 56 级、57 级光学仪器专业转来的，后来就逐步从当年参加高考的应届生中选拔。例如，周立伟刚负责筹建夜视专业没多久，因为专业发展的需要，仪器系一些毕业生也转到这个方向来，周立伟在自己学习之余，还要指导毕业生做毕业设计，他要想的事情很多。留校的最初几年，周立伟压力很大，每天都很忙，常常加班，十分辛苦。

当时的夜视专业教学没有统一的教材，周立伟教学也多是用自己的笔记或者是类似专业的参考书，十分不便。随着授课过程的深入，他希望能够编一部专门的夜视教材，给教师教学参考，给学生们学习使用。他会同邱永林和刘茂林，开始自行编制讲义。实际上，从接触到夜视这个行业后，周立伟就在考虑电子光学系统怎么设计。那时候他常常去图书馆阅读外文书籍，除了参考鲁斯戴尔赫连茨的俄文版著作《电子光学》，印象深刻的还有德国学者格拉叟的专著《电子光学基础》，这是一本权威的电子光学著作，内容繁多深奥，他把这本书的俄文版从头到尾啃了一遍；还有

---

[1] 周立伟：回忆录——"新的挑战（1958-1962）"。2020 年 4 月，未刊稿。

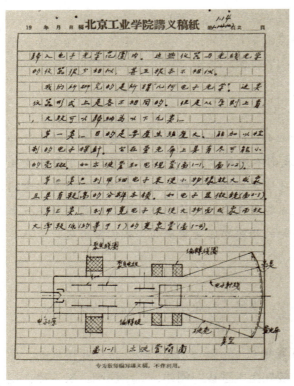

图 4-2　周立伟《电子光学与电子光学系统设计》讲义手稿

一本是北京大学相关专业授课教材，由北京大学电子物理教研室编译的、苏联光学专家谢曼的《电子光学理论基础》。谢曼曾经来过北京大学讲授电子光学，许多后来在中国电子光学学界有过突出成就的人，如朱宜、西门纪业、童林夙、姚福田、蒋曼英、丁守谦、刘鸿辉等，当年都听过谢曼的讲课，受过谢曼教授的直接指导。尽管周立伟那时候因筹备夜视专业工作繁忙，白天抽不出身去北京大学听课，但他想方设法借来了谢曼的讲课教材，他还找西门纪业借来了讲义和笔记，利用晚上的时间自学。他感到谢曼的课程十分精妙，把电子光学的难点、热点、重点都囊括了，他后来形容，谢曼的授课在中国撒下了电子光学的种子。这一时期，周立伟在知识的世界中尽情徜徉，尽管还有很多疑惑，但总的来说，广泛阅读给了他很大启发；他的许多疑惑，虽然书中并没有找到现成的答案，但也令他因此产生了初步的思考。

　　周立伟阅读外文书籍的速度很快，他不但自己读，还给学生们推荐。他的学生回忆说：我们到北京图书馆借书的速率还赶不上周老师看书的速率！①

----

　　①　周立伟访谈，2018 年 8 月 8 日，北京。资料存于采集工程数据库。

周立伟自己钻研了两年，到 1961 年，他已经在这个学科内小有所成，他出了一部电子光学的教材《电子光学理论与设计》，分上下两册，这是第一份电子光学讲义，探讨用张弛法求解电位分布以及未来电子光学设计将会走什么路的问题，这些内容在世界上也从没有人写过。他后来说自己那时有点"狂妄"，不知"天高地厚"。但正是在进行了这些探索之后，周立伟认为，尽管学界对细束电子光学的理论研究已经比较成熟，但

图 4-3　周立伟《电子光学基础》讲义手稿

细束电子光学理论并不能圆满地解释变像管的电子光学成像，宽电子束成像聚焦及其像差理论值得进一步探讨。正是这些大胆的探索，建立起他未来研究宽束电子光学的基础。

回顾自己写《电子光学理论与设计》一书的过程，也是他感到十分"苦闷"的两年。为了搞明白电子光学的来龙去脉，那时候他白天也在想，晚上也在想，有时候夜间正在睡觉，脑袋里突然灵光一闪，想起来一个问题的推演方法，因为怕时间长忘记了，他便赶紧披衣起身，奋笔疾书，一直算到天光发白。

《电子光学理论与设计》这部教材主要讨论成像电子光学系统将来会是怎么计算和设计的。周立伟根据已有文献，提出了电子光学设计与计算的大致思路。他认为，如果把电子光学和光线光学进行类比，二者既相

似，又有不同点，所以研究的时候要区别对待。传统的光学透镜比较简单，是看得见摸得着；而电子透镜比较复杂，看不见摸不着。光线通过透镜折射后前进，电子透镜就必须形成类似透镜的等电位面，也就是要描绘电磁场。这就必须进行电磁场的计算。当时的科学文献介绍一种松弛法计算电位场。电子透镜不像光学透镜，光学透镜的曲面的形状是固定的，折射率也是固定的；电子透镜的折射率是变化的，等位面曲率也是变化的，怎么来描写电子透镜中的这个电位场，周立伟总结说："描绘电子轨迹怎么在电磁场中行进，这是我要做的事。"他把自己的思考毫无保留地写入这份初期教材中。

周立伟所做的工作是极具开创性的。我国夜视技术的关键器件是变像管和像增强器，核心问题是制作高灵敏度的光阴极和设计出高质量的电子光学成像系统。像管电子光学理论和设计成为当时发展夜视技术的一个前沿、热门的课题。1962 年，北京工业学院领导派周立伟到苏联去留学，目的就是要掌握夜视器件电子光学系统怎么设计的问题。

预备留苏　收获爱情

20 世纪中期，中国向苏联派遣留学生，学习国内的紧缺专业，以期为建设国家服务。这一时期的留苏学生在我国科学史上是承前启后的一代，与 1949 年以前留学欧美的科学家不同，他们带着政治使命，在特殊时期被国家派往苏联，学习领先的科学技术，肩负着回国建设社会主义国家的重要任务，他们中的不少人后来成为相应学科的带头人，为我国科学技术的发展作出了巨大贡献，发挥了重要作用。

1961 年，北京工业学院决定派人去苏联学习夜视器件的电子光学理论与设计，被派遣的留学生既要政治背景过硬，又要在相关专业至少从业两年。学校经过初步的审查，认为周立伟是党员，业务水平也强，于是推荐他作为留苏候选人之一，参加教育部组织的留苏预备生考试。经过语言、专业、体格三方面的严格选拔，周立伟脱颖而出，成为一名留苏预备生。

为了留学生赴苏以后尽快适应当地，在出国以前，周立伟要先到和北京工业学院隔着一条马路的北京外国语学院强化学习一段时间的俄语。尽管周立伟在大学里学过俄语，但用俄语学习专业知识、看懂专业文献还是不够的；再加上国家规定留苏学生要集中进行语言学习，一般为期一年，具体依据留苏生的俄语考试成绩决定。周立伟暂时

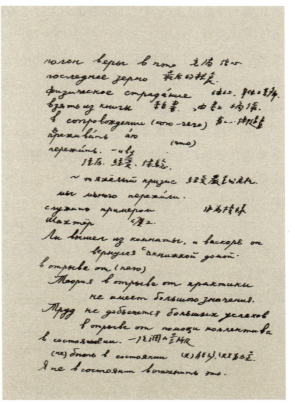

图4-4　1962年周立伟在留苏预备班学习俄语的笔记

放下了在学校的一切工作，去外语学院脱产学习，这期间他每天早上去上课，晚上回宿舍休息，持续了半年多时间。

预备班根据入学成绩分班，周立伟被分到俄语基础较好小班，由一位姓王的女老师负责五个学生，上课的内容主要是练习日常对话，学习用俄语阅读专业文献。王老师曾接受过苏联专家的辅导，年纪轻轻俄语水平就很高，那时候上课没有录音机，苏联也已经撤走专家，学生们无论是练习听力还是口语，全靠王老师朗读。王老师口语流利，发音清晰准确，水平和苏联老师相比也没有什么区别。在北京语言学院期间，老师教得认真，周立伟学得也认真，很快就提前通过了考试，从语言学校里毕业了。

赴苏留学前，周立伟最大的收获是美好的爱情，还有了一个美好的家庭。自从周立伟在华通电机厂参加工作以后，个人感情生活就常常受到来

自父母和亲朋好友的关注，也许是因为过于专注于学业，加上年纪比较小，所以一直没有"开窍"。时间一晃，周立伟已经三十岁了，同龄人大都已经结婚生子，而自己即将留学苏联，一去就是近四年，婚姻大事却还未解决，家人一再催促，周立伟自己也有点着急。他理想中，希望找到一个中意的姑娘，家庭普通、温柔善良、为人正直，双方志向相投，相伴终生。

正当周立伟为终身大事发愁之际，1962 年的春夏之交，他的一位同学朱耀升要给周立伟和另一位同学庄一鹤介绍对象，朱耀升说自己工作的北京国营 218 厂正好有两位姑娘，各方面条件和他们都很般配。周立伟和庄一鹤同意了这次相亲。就这样，周立伟和吕素芹在北海公园第一次见面了。周立伟十分怀念第一次的见面，至今还记得其中的每一个细节。为纪念自己和吕素芹结婚 40 周年，他仿照普希金第一次见到 18 岁的美丽姑娘奥列宁娜写的一首情诗《你和您》，写了一首题名为《他和她》的诗，送给吕素芹作为他们相识相恋四十载的纪念。

他和她

他和她素未谋面，
直到北海公园见面时他俩才知道对方的名字。
他深深感受她女性的温柔和细腻，
还有那纯真的感情。

他和她会面了，
是上苍的安排使他俩相遇。
当他见到她的那一刻，
他深信，这是他一直寻找的爱。

他被她深深吸引，
好像早已认识似的。
他向她敞开胸怀，
诉说自己可笑的陈年往事。

他喜欢她，
不仅是由于她的美貌，
还由于她的可爱、温柔和善良；
更惊异她思想的单纯和真诚。

她秀外慧中，
干净的内心是她迷人的特质。
明亮的眼睛闪耀着光芒，
向往着幸福的未来。

她感觉到他的感情，
轻轻地呼唤他的名字。
他和她都知道，缘分将他们推近，
他俩都不愿放弃。①

吕素芹祖籍山东，毕业于太原机械学院，在国营 218 厂担任秘书的工作。她是劳动人民家庭出身，家中开了一家杂货店，有四个姐妹、两位兄长。吕素芹很有艺术细胞，能歌善舞，是厂里舞蹈队的主力，曾在人民大会堂参加过演出。吕素芹长相清秀，性格活泼，谈吐大方，性格善良温和，和周立伟有很多共同话题。这真是完全吻合了周立伟的择偶条件。周立伟形容自己第一次看到吕素芹，心里的感觉就像"天上掉下个林妹妹"。吕素芹也看上了周立伟为人真诚，有书生气。两位年轻人一见钟情，交往不久，就定下了"执子之手，与子同行"的誓言。

恋爱的时光总是美好甜蜜，令人怀念，周立伟说那时候真是"一日不见，如隔三秋"。一到星期天，他们就相约看电影、看话剧，那时候有名的剧目，如《伊索》《雷雨》《胆剑篇》《中锋在黎明前死去》《蔡文姬》，他们都看过。

① 周立伟：怀念爱情——50 年前一束写给素芹的信。见：周立伟著，《藏绿斋札记：感悟人文》，北京：北京理工大学出版社，2016 年，第 252-277 页。

图 4-5　1962 年周立伟和吕素芹合影

图 4-6　周立伟和吕素芹结婚照

1962 年 9 月 13 日，经过慎重考虑，周立伟与吕素芹在俄语班几位同学的见证下，领了结婚证。他们花了五元钱，买了一点喜糖分给同学们，把二人的全部财产——两只破衣箱放在一起，搬到北京语言学院的宿舍，就算是结婚了。结婚的时候，二人"约法三章"：夫妻闹矛盾了不动手，一辈子不离不弃，家务事共同承担。这三件事他们在婚后的岁月里都做到了。领证当天还有一件值得一提的趣事：原来周立伟比吕素芹大六岁，之前担心自己年纪大，于是在恋爱的时候便少报了一岁。领证那天，他心里很是忐忑内疚，觉得自己欺骗了吕素芹，嗫嚅着说："素芹，有一件事很对不起你，特别是我们结婚了，我不应该再瞒你了。"吕素芹心中一惊，难道是他以前结过婚，或者在老家有一个孩子？思索再三，她还是包容地回答说："我们已经是正式夫妻了，你以前的事情我不管。"周立伟如实告知后，吕素芹如释重负，笑着说："你真是个傻孩子！"回忆起这段甜蜜的往事，他形容这真是"天赐良缘"。

新婚不久，夫妻二人回到上海老家举办了一场难忘的婚礼。他们还穿上了时髦的婚纱和礼服，在上海有名的王开照相馆拍摄了一张结婚照。那时还没有彩色照相技术，要靠照相师傅在黑白底片上手工描绘出亮丽的颜色。这张照片十分宝贵，照片上年轻的夫妻笑容幸福甜蜜，他们一直珍藏着。

新婚不久，周立伟即将启程去苏联。临行前，他给吕素芹留下一个笔记本，里面是自己写的十二封信，他写自己对人生的理解，写自己对妻子的思念，写恋爱时的美好和快乐，这是专属于他们两个人的浪漫。1962 年 11 月初，周立伟依依不舍地离开北京赴苏留学，吕素芹则留在北京，一个人在集体宿舍里生活。这期间，仅在 1965 年周立伟回国探亲时两人短暂相聚过，平时只靠书信寄托彼此的思念和牵挂。

列宁格勒　理论体系初成

1962 年 11 月，周立伟赴列宁格勒乌里扬诺夫（列宁）电工学院电物理系学习。学校位于列宁格勒波波夫大街 5 号，建于 19 世纪 70 年代，是一所具有悠久历史的理工科大学。这所学校就是今天的俄罗斯圣彼得堡国立电工大学，是俄罗斯电子工程领域排名第一的高等教育学院，是世界著名的教育和研究中心。学校在苏联时代是以革命导师乌里扬诺夫·列宁命名的，因为列宁曾在该校避难。著名的无线电发明人波波夫教授，曾任该校的校长。

初到异国他乡，周立伟十分想家："到了列宁格勒电工学院的第一个月，我真有度日如年的感觉。天天思念家乡和亲人，掰着手指数日子过，痛苦难以言表，真不能想象以后 1000 多天的日子如何度过。"

图 4-7　1962 年周立伟个人照

按照中苏协定，周立伟这一批学生是从中国派出的最后一批留苏人员。20世纪60年代初，中苏关系已经破裂，这也注定了周立伟即将开始的留苏生涯不会那么一帆风顺。

与周立伟同去苏联的共有30人，其中15人是去进修的，主要是去学习技术，为期两年；包括周立伟在内的另外15人，是国家派去苏联攻读副博士学位的，他们中最后拿到副博士学位的只有一半左右。周立伟记得，临行前，马士修教授对他殷殷嘱咐，一定要把夜视技术学到手，回学校建设新专业。周立伟记下了马教授的叮嘱，决心一定要攻克夜视器件电子光学系统设计。

经过七天七夜的火车旅途，周立伟终于抵达苏联。然而，在苏联的生活并不像他想象得那么美好，当时中苏关系恶化，中国留学生的生活条件和政治待遇自然不会太好。

周立伟的宿舍位于列宁格勒第一摩林斯基大街上，宿舍大楼正对着一家电影院。此后三年半的留学生活里，周立伟从未能挤出时间到这个近在咫尺的电影院看过一场电影。宿舍是四人间，仅十平方米左右，只够放四张床和两张桌子，因此只能容下两个人在房间里看书学习，其他人只能去图书馆或教研室。宿舍每层有公共厕所和洗浴的地方，但没有食堂，仅底层的一个小吃部售卖简单的吃食。中国留学生在一起，白天到学校上课或在图书馆和教研室学习，晚上回宿舍一起共进晚餐。宿舍里的四个人，晚饭采取公社制，每人轮值一周，负责买菜和厨房做饭。周立伟中学就开始住校，因此很快就习惯了这样的生活。

周立伟的生活十分简朴，当时国家给留学生的生活费是每月70卢布，他省吃俭用规划这笔钱：30卢布吃饭，10卢布坐车，10卢布买书，剩下的存起来以备不时之需。他严格执行这一计划，从不拿额外

图4-8　周立伟留学苏联时在莫斯科大学前留影

的钱去吃喝，也绝不买新衣服。1965 年，周立伟回国探亲的时穿的就是一身旧衣服，他脱掉鞋子，家里人看见他脚上穿的袜子全是破洞和补丁，都大吃一惊，方才知道他在出国期间过的是怎样清贫的生活。周立伟在三年半的留苏生活中攒下了一笔钱，其中一些用作副博士答辩产生的费用和回国的路费，还买了一大箱书籍和一台手摇计算器带回了祖国，最后还剩下足足 300 卢布，在留学生倡议的"学雷锋"活动中，他一口气全捐了出来。周立伟想：国家的外汇来之不易，留学生在国外能够吃上牛奶、香肠和面包，这已经是太好的生活了！

除了生活上的艰苦，留苏学生还会受到来自苏联老师、同学的误解、冷遇甚至歧视。周立伟是一名中国共产党党员，又是列宁格勒留学生党总支委员，他参与我国留苏学生的"反修"斗争，立场自然站在祖国一方。由于专业不对口径，他难以得到应有的指导和帮助，甚至坐了三年多的"冷板凳"，只能依靠自己的努力奋斗去完成学业。

周立伟到列宁格勒电工学院后，被分配到电子医疗器件教研室。教研室主任茹里叶教授是一名苏联籍犹太人，他是苏共党员，也是苏联著名功勋科学活动家，在苏联电子学界很有威望。教研室还有两位副教授，一位是贝科夫，技术科学副博士，苏共党员，教研室秘书；另一位是伊格里茨基，技术科学副博士，群众，他是周立伟的指导教师。伊格里茨基副教授是做电子光学的，主要研究行波管的超高频电子光学，是当时一个很时髦的课题。但这位学术导师却令周立伟遭遇了很大的挫折，甚至差一点便击碎了他学习的梦想。

周立伟来学校后，仔细研究了电子光学专家科西扬可夫的论文，以及格林贝尔格通讯院士有关电子束聚焦的著作，还有凯尔曼院士关于电子光学的书籍。他发现这些苏联科学家有一个特点，就是喜欢研究电子束聚焦中一些虚无缥缈、很抽象的一些问题。这与苏联学术界一贯推崇的学风有关——强调理论上的贡献，认为若写的东西深奥难懂，就是理论高深的表现。

伊格里茨基副教授先让周立伟阅读自己刚发表的三篇文章，让他提出看法和见解。一周以后，周立伟对导师说，自己有另外的想法推演文章的结论。导师听了，感到周立伟在科学研究上很有潜力，非平庸之才。他看中了周立伟的研究素质和良好的数理基础，便竭力劝说他协助自己搞超高频电子光学课题，他说："超高频电子光学是一门新兴的、时髦的学科，中国还没有人开展这一领域的研究，你帮我做一部分工作，将来我拿技术科学的博士学位，你拿副博士学位；若跟我学好了这门科学，你学成回国将出人头地，大有用武之地！"

周立伟面临这样的情况：跟着老师做，拿个学位不成问题；不跟着老师做，就没有人指导，一切靠自己，拿学位也不保险，有可能无功而返！他处于两难的境地：作为个人前途来说，跟着导师干自然是好的，但是这又和自己出国留学的初衷——攻克夜视器件的电子光学理论与设计——相违背；学习导师指定的专业，回国以后无法实际应用到学校的急需专业，辜负了国家和学校对他的期望。想来想去，周立伟还是想研究和解决夜视中的电子光学问题，这是我国发展夜视技术的难点所在，也是他的专业兴趣，且他对变像管电子光学的研究已有所了解，他不想改变自己的初衷，于是拒绝了与导师的合作研究课题。导师对此很不高兴，冷漠地回复他说："这样，我无法帮助你！"从此拒绝对他的选题提供任何帮助，直到周立伟写出学位论文，他们之间再没有进行过学术交流。

周立伟学不到想学的知识，萌生了转学的念头，向学校递交了转学报告。成像电子光学系统是为设计和研制夜视器件（即变像管和像增强器）服务的，出于国防和战争的需要，具有保密性。苏联方面不答应他换学校，他也找不到有对口专业的学校接收。他向大使馆报告了这件事，使馆权衡后，给出的意见是不同意他回国，要他一定克服困难，坚持下去，想办法把专业知识学到手。走投无路之下，周立伟只能迎难而上，这也激发了他的好胜心，他决定留下来想办法学习和研究：自力更生闯出一条道路来，实践自己出国前许下的誓言。

没有了导师的辅导，周立伟只能孤独地向科学的阵地进发。在苏联的三年时光里，他去的最多的地方，是列宁格勒谢德林图书馆和苏联科学院图书馆，尤其前者，这里的一砖一瓦他都十分熟悉。谢德林图书馆历史悠久，藏书丰富，是一座庄严又安静的学术殿堂，馆内经常座无虚席。周立伟每天一大早起床，简单吃过早饭，乘坐有轨电车从居住地第一摩林斯基大街出发，前往位于涅瓦大街四马桥的谢德林图书馆。周立伟沿途欣赏着街景，这也是他每日最放松的时光，他特别喜欢历史悠久的列宁格勒涅瓦大街，这条街道集文化、商贸、娱乐为一体，大街上到处是美丽的雕塑，道路两旁有小河和水渠，时常能看见快艇在河道上穿梭。

周立伟每天都要去图书馆，一分钟也不愿意浪费，时间久了，同图书馆里的工作人员也很熟悉了，渐渐与他们搞好关系，有时候即使图书馆人满为患，他也不用等待，总有地方安排给他坐下学习。为了节省时间，他渴了就喝凉水，饿了就吃自带的面包，累了就趴在书桌上打个瞌睡，就这样日复一日寂寞地在书案上苦苦坚持着。记得有一次，周立伟在图书馆待了一整天，又累又困，不知不觉睡着了，等被工作人员叫醒已是深夜，眼看就要错过最后一班有轨电车了。周立伟用最快的速度穿好大衣，急忙向车站跑去，寒冬深夜中列宁格勒的街头冷风刺骨，人烟稀少，周立伟一边跑一边想：要是没有车回家，自己会不会冻死在异国他乡的路边。幸好还是赶上了最后一班电车，周立伟顺利回到宿舍。回忆那段时间，周立伟形容自己心中真是特别苦闷，在学术的道路上进退两难，又格外思念家乡和亲人。

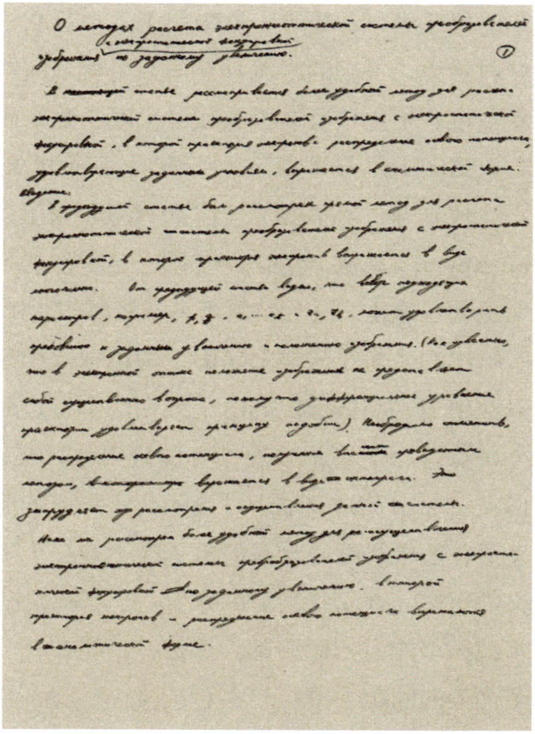

尽管大学毕业后从事过几年实际的教学工作，但总的来说，周立伟在电子光学领域是一位初学者，有许多不明白的问题。比如，教科

图 4-9　周立伟留苏的学习笔记

书中说阴极透镜有中心像差，也有三级横向像差，它们之间有什么联系？到底谁起了主要作用？应该如何定义横向像差？横向像差的表达式如何通过解析解检验？宽束和细束电子光学有什么异同？周立伟脑袋里有许多个问号，在没有导师指导的情况下，他只能大量阅读，广泛摘抄文献，吃透后思考，再尝试一一解决问题。他第一次做文献摘录的时候，在笔记本的封面上用俄文写下了这样几个单字：志气＋耐心＋方法＝成功！这也成了他在苏联期间进行科学研究耐住"坐冷板凳"的一个座右铭，他靠着信念苦苦支撑。就这样，周立伟在图书馆扎了根，他在书的海洋里广泛吸取苏联各派的电子光学的思想和成就，在做博士学位论文的过程中，初步构建起理论体系的雏形。

从什么地方入手？突破口在哪里？这是周立伟在初期思索最多的问题。当时在苏联，电子光学的研究也是一个热门课题，因为电子光学是一个很宽的领域，有电视器件的电子光学、加速器的电子光学、强电子束聚焦的电子光学，等等。这吸引了不少苏联学者研究，在发展过程中形成了一些学派，不同的学派甚至研究机构之间都产生过对理论问题很激烈的学术争论。周立伟研读了苏联许多电子光学研究者的相关论文，做了很多笔记，试图由此得到启发，找到自己研究的突破口。

1963 年，苏联国立光学研究所学报上发表了一篇苏联学者克鲁帕（Д. М. Крупп）的关于静电聚焦同心球系统的像差的论文，该文给出了高斯像面上的色球差，它与英国著名学者解根（P. Schagen）在 20 世纪 50 年代初所给出的成像系统极限像面上的色球差相呼应，这两篇文章仅给出了成像系统中自光阴极逸出的电子束在两个特定成像面上的像差。周立伟详细研究了克鲁帕文章，发现作者仅给出计算某一特殊像面上的色球差的公式，但文章中由宽束向细束过渡的公式是不能成立的。这篇文章给周立伟的启发是，两电极同心球系统电子光学是一个好课题，可以作为自己的学位论文来研究。周立伟甚至产生了一个朦胧的设想："如果我能把两电级同心球系统模型的方方面面都弄清楚，就能在一个比较坚实的基础上探讨宽束电子光学的问题了。"

静电聚焦同心球系统（亦称球形电容器）中的电子行进的轨迹最早

是德国的著名学者、电子显微镜的发明人、诺贝尔奖获得者卢斯卡（E. Ruska）在 1933 年提出研究的。英国科学家解根在 1951 年继续研究，他们研究的主要是同心球内行进的电子轨迹。周立伟认为更应该关心的是轴上点出发的电子通过同心球系统的阳极后轨迹与轴的相交点，即电子束的会聚与成像。周立伟大约是在 1964 年初开始对静电聚焦同心球系统的电子光学这一问题进行攻关，在充分了解理论基础上进行了一系列有效的推算。

当时学界对于宽束电子光学研究的思考并不深入，在周立伟看来，对许多问题的看法还有含混不清之处，他的思考主要集中在两个方面：一是傍轴电子光学理论和方法不能用来解决成像电子光学问题，他认为近轴电子光学理论只能解决理想成像，而且只适合解决邻近对称轴区域的电子光学问题；二是如何定义成像电子光学的横向像差问题。

周立伟自己摸索，逐渐形成了有特色的一套思路，并沿着这个想法去做学问。尽管学术之路寂寞而枯燥，但周立伟坚信有志者事竟成。在不断的努力探索下，他终于在静电聚焦同心球系统的电子光学和阴极透镜的像

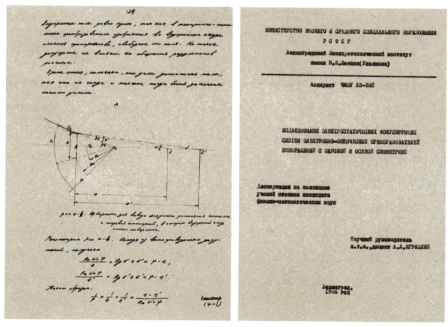

图 4-10　周立伟副博士学位论文的手稿和打印稿

差理论上有了突破，并在 1966 年初，如期完成了物理数学副博士学位论文《轴对称和球对称电子光学成像系统的像差理论》。这篇论文从立题、实验、计算、推导，都是他在孤立无援的情况下完成的。

周立伟的这篇副博士论文，以宽束电子光学为突破口和切入点，弄清了大物面、宽电子束聚焦成像的特点和问题，如宽电子束聚焦近轴条件、电子光学横向像差定义、二级近轴横向像差与三级几何横向像差之间的联系，等等。周立伟认为，成像电子光学的横向像差应为近轴色差与几何像差的组合，并不只是通常细束电子光学的几何像差。这是成像电子光学新的发现和新的结论，也是周立伟对成像电子光学理论的一大贡献。

由这一篇文章起，周立伟的成像电子光学理论体系有了基本轮廓，随后对两电极同心球成像系统的动态电子光学和曲轴电子束聚焦成像与时空像差理论有了深入的认识。1966 年 4 月，在即将进行副博士学位答辩之际，周立伟信心十足，他认为自己的这一套理论是对的，可以跟任何人辩论。

> 在苏联学习一个很大的收获是，我了解苏联电子光学各个学派的观点和特点。我边学习边分析，过程当然是很艰苦的，最后我形成了自己的一套观点和看法。①

尽管周立伟在苏联的求学之路上有许多波折，他还是感念许多苏联学者和人民的友谊，他深深感到，虽然国家间的关系出现了破裂，但大部分苏联老百姓和学校的老师们还是很善良的，他们对中国留学生以礼相待，他们持友好的态度热心帮助中国。这其中，最难忘和怀念的苏联老师是列宁格勒电工学院电子医疗器件教研室主任茹里叶教授。

茹里叶教授是苏联电子学界一位有名的专家学者，为人正直，也很严厉。他常常赞赏中国留学生的刻苦好学，即使是在中苏论战的大形势下，依然保留了对中国人民友好的情谊。茹里叶教授很欣赏周立伟，周立伟曾经在教研室作过一次学术报告，还代讲过一节电子光学基础课，这些都得

---

① 周立伟访谈，2018 年 8 月 8 日，北京。资料存于采集工程数据库。

到了茹里叶教授的表扬。茹里叶教授每次见到周立伟，都要和他亲切握手，热心询问他的学习和工作进展，从来不和他讨论政治上的问题。周立伟毕业答辩之际，茹里叶教授又雪中送炭，为他提供了事务上的方便，帮助周立伟顺利通过了答辩。

按照大使馆的规定，周立伟必须在 1966 年 5 月 13 日前完成答辩并离开苏联，一天都不能耽误。虽然早在这一年年初，他就已经完成了全部论文的研究并准备参加副博士答辩，但要应付的琐事还有很多：论文要打印，所有的图表要拍成照片，要找描图员描出论文中的 16 幅挂图，要把摘要送到印刷厂印刷，要寄送 100 份到院校和研究所，还要发表一篇论文、在学术会议上宣读一篇论文，找两位同行评议论文，并要提前一个月在《列宁格勒晚报》上刊登答辩的时间、地点……周立伟的指导教师是一位党外人士，没有影响和权力，不能提供任何帮助。周立伟无奈之下，只好去请求教研室主任茹里叶教授帮助。尽管他在去找茹里叶教授前，心有忐忑，生怕自己一个环节没有处理好，就前功尽弃，他甚至已经做好了拿不到学位的最坏打算，但没想到，事情的发展竟然出乎意料的顺利。

茹里叶教授详细询问了周立伟的论文内容和遇到的困难，他仅思索了片刻，就说：让我们一个一个问题来解决吧！周立伟提起来半天的心顿时就放下了。茹里叶教授雷厉风行，他一口气给周立伟写了六七张便条和申请单，嘱咐他马上把便条分别交给学术委员会、印刷厂、外办，让他们协助周立伟解决问题。他还给一份知名杂志的编委写了一封信，让他们一定要立刻把周立伟的论文刊登出来。他随即帮周立伟修改了论文摘要，令他的论文与自己的研究有关，可以在自己主持的、以苏联电子学专家波波夫命名的学术会议的分会场上宣读。就这样，茹里叶教授只花了不到

图 4-11　20 世纪 60 年代周立伟在列宁格勒

一个小时，就把周立伟面前所有的难题都解决了，他从而能够在 1966 年 4 月顺利参加毕业答辩。

在正式答辩前，学位论文还需要请两位同行专家写评语，分别是著名的电子光学专家科西扬可夫（Касьаанков）教授和谢曼（Семан）博士。前者本是电工学院数学系的教授，后者曾在北京大学讲授过电子光学课。科西扬可夫教授对周立伟的副博士论文十分满意，他阅后马上肯定了周立伟的论文，给了较高的评价。谢曼博士对周立伟严格证明了他所总结的 R-A 公式感到高兴与欣慰，阅完周立伟的论文，他在论文上写下了许多个："好啊！好啊！太好了！"这些赞叹之词，既是对周立伟论文的认同，也表达了他对中国人民友好的感情。

1966 年 4 月 29 日下午，周立伟信心十足走上了答辩场。答辩会由列宁格勒电工学院的波哥罗奇茨基校长亲自主持，答辩委员会成员一共有 22 人，都是苏联电子科学和教育界的有名专家。周立伟的答辩从下午六点半开始，他说得很简短，但又很有条理，他挂出了答辩挂图，向答辩委员陈述自己的论文证明了这样的观点："静电聚焦电子光学成像系统的横向像差并不是通常教科书和文献中那样认为只有几何像差，而是几何像差与近轴像差的组合，这是我从同心球静电聚焦成像系统严格证明了的。而且我还严格证明了谢曼博士提出的确定成像电子光学系统鉴别率的 Recknagel-Artimovich（R-A）公式是普遍成立的。"

经过专家的询问和点评后，22 位答辩委员一致同意周立伟通过数学物理副博士学位论文答辩，他取得了副博士学位。在答辩会结束后还有一个插曲，一位苏联教授在听取了周立伟的答辩后，对他的研究很感兴趣，认为周立伟很有学术前途。这位教授与茹里叶教授商量说，能不能让周立伟留下来，继续攻读苏联的科学博士学位。但这件事在当时的政治背景下其实是极难实现的，周立伟说："中苏关系那时特别不好，我又特别想家。我若不回来，人们都会说我叛变了。"[①]

茹里叶教授的言行，给周立伟提供了极大的帮助，周立伟对他深深感

---

① 周立伟访谈，2018 年 8 月 8 日，北京。资料存于采集工程数据库。

激，从这名苏联教师身上，周立伟切身体会到：作为一名教师，不但要为学生传道授业解惑，还要设身处地为学生着想，替学生们解决实际困难，这才是一名教师应尽的责任和义务。周立伟除了真心实意地感激茹里叶教授的言行，他还在心里头暗暗发誓：如果我将来像他那样，当了教研室主任或取得更高的学术地位，我一定要用心帮助上进有为的青年学生，一定要善待我的学生！周立伟后来用实践遵守了自己的誓言。在1990年中苏关系缓和后，周立伟出访苏联，遗憾的是茹里叶教授那时候已经去世了。

留苏经历是周立伟人生中的宝贵财富，在苏联期间，周立伟不但走过了艰难的科学历程，也树立了学术人生中坚强的信念和信心，周立伟说："信念是一种动力，是支持自己前进的精神力量，相信自己走的路是对的，就会坚持不懈地试验和探索，大脑就会不停地思考，就会产生创意和思想。"而这段留苏经历，也令周立伟对苏联这个国家产生了很深的好感。进入20世纪90年代以后，他还成了中俄电子光学界里的"友谊大使"，极力促成两国之间友好的学术交流与合作，促进两国电子光学领域的发展，为国际学术交流与往来尽了一分力量。

第五章
艰难教学

动乱时期的 "周善人"

1966 年 5 月，周立伟顺利取得学位，结束了自己在苏联的学习和生活，带着三年半积累下来的 2400 余页文献手稿和一部手摇计算机，还有一箱俄文图书，回到日思夜想的祖国和母校。

回国前的他满腔热情，一心想要把自己在苏联学到的知识用在建设国家的紧缺专业上。离开苏联前，他和列宁格勒电工学院的老师们约定，一回到北京就立刻给他们发电报，还邀请他们来北京访问。但是，回国后的周立伟很快就感受到周围的气氛已经不同了，在前一年他回国休假的时候，许多人对他嘘寒问暖，但这一次回来，大家看他的目光总是躲躲闪闪，甚至有些警惕。不久，他就听说一些从苏联回国的人被怀疑是苏修特务或间谍，遭遇了隔离审查。他害怕引来麻烦，没有立刻发电报给苏联教研室的老师们报告平安，而这一延误，使他与苏联的老朋友们中断联系近二十年。但更令周立伟感到苦闷的是，回国以后他也并没有如预想那样很快把在苏联所学应用于实际工作，迎接他的是一场席卷全国的大风暴。

　　周立伟回国以后的职称仍然是助教。由于周立伟的出身好——父辈是工人，祖辈是贫农，本人是工农调干生，外加人缘好，所以在"文化大革命"初期尚未受到很大冲击。但那时他尊敬的马士修教授已经受到很激烈的批斗，许多曾在欧美留过学的老师也或多或少受到了怀疑。一些红卫兵注意到刚从苏联回来的他，想方设法寻找证据。周立伟一度很紧张，怕自己和家庭陷入困境，那时候他说话和做事都小心翼翼，害怕被人抓住"小辫子"。

　　尽管周立伟没有什么"小辫子"被人抓，但还是遭到了"抄家"。那时候周立伟的家一贫如洗，小两口带着孩子住在一间 16 平方米的房子里，房里只放得下一张床、一个书架、两张椅子和一个既放衣服又当饭桌的衣柜箱。教研室派了一位工人师傅来，人在屋里都转不开，哪里有什么东西可以"抄"。最值钱的唯有回国前苏联教授送给他作纪念的一座彼得大帝骑马的铜像模型、一本列宁格勒画册和一个儿童相机。为洗脱"苏修嫌疑"，周立伟不得不主动把这些饱含着苏联友人情谊的物品交了上去。还有他参观列宁格勒冬宫博物馆时购买的一本精美画册，里面有一张名画是一位西方贵妇袒露胸脯优雅地躺在床上，周立伟和妻子商量，要赶快把这本画册处理掉，于是以五元钱卖给了一家收购旧书画册的古籍书店，此后这本画册就不知去向了。周立伟与吕素芹穿着西式礼服在照相馆拍摄的结婚照，也被人污蔑为"资产阶级思想"，还有别有用心的人写了一篇大字报，吕素芹因此受到了批判。

　　1968 年，北京工业学院发生了"武斗"事件，周立伟回到上海暂住躲避，他心里很苦闷，曾经心怀远大理想，希望能够在事业上做出一番成绩，现实却给了他重击。这期间，他把全部精力都放在翻译和补充副博士论文的工作上，形成后来给工农兵学员授课的教材《变像管与像增强器的电子光学》；同时，他在电磁聚焦同心球电子光学上有了一些新的想法，这也为后来的工作打下了基础。

　　在上海期间，周立伟多次目睹父亲极力帮助他人的事。

　　"文化大革命"初期，恰逢父亲周吉民的一位同事刚刑满释放，这个人解放前曾在童涵春堂工作，是国民党支部的负责人，出狱时又赶上"文化大革命"，谁都不愿意和他沾边，怕连累了自己。他没地方可去，也没有糊口的办法，几乎是走投无路，便向周吉民求助。周吉民二话不说，立刻帮他联系里弄的干部，为他找了间房子居住，自掏腰包给他置办了简单的家具，还帮他找了份工作。有人劝说周吉民，不要和这个人来往，不然自己要受到连累，周吉民回答："不管怎样，他已经受到惩罚了。现在他被释放了，他要生存，我当然要帮他。"

还有一次，周吉民在家附近协助维持交通时，被一辆飞速驶来的三轮车从身后撞倒，爬起来时双手满是鲜血，但对撞他的人一句埋怨的话也没有，还反过来安慰人家，说自己伤得不重，让那人快些离去。撞周吉民的肇事者是上海南市区中小学的一名老师，当时已经被打成"牛鬼蛇神"，红卫兵罚他骑三轮车拉货。那位老师不会骑三轮车，歪歪斜斜地骑着，不小心就把正在指挥交通的周吉民给撞了。后来，这个学校的校长到周家表示慰问和道歉，说学校的红卫兵为了这件事要批斗这位教师，说他心怀不满，故意撞老工人，进行阶级报复。周吉民严肃地对校长说，一是红卫兵强迫不会骑三轮车的教师拉货是不对的；二是这位老师绝不是故意撞人，而且自己的手仅是受点皮外伤，没有什么事。周吉民千叮万嘱，要学校千万不要为难这位老师。在周吉民的强烈要求下，当事的教师没有受到处分，他十分感激，还特意登门感谢周吉民。

周立伟佩服父亲不惧形势、热心助人："一个人要有恻隐之心，人家危难时，帮人一把是没有错的，良心驱使父亲这样做。"[①]周立伟乐于助人，正是受到父亲的影响，"文化大革命"中，每当周立伟看到有教职工受罚，总忍不住上前制止；有同事受伤，他就到药店买药，安慰伤者；他同情那些被关在"牛棚"里的人和受到无理批判的人，总是力所能及地去帮助他们。

1968 年 8 月，工宣队进校"复课闹革命"，要周立伟从上海回来负责主持夜视技术教研室的教学与科研工作。周立伟成了教研室的"小领导"，

---

① 周立伟：父母之恩，山高水深——怀念亲爱的父母亲。见：周立伟著，《藏绿斋札记：感悟人文》。北京：北京理工大学出版社，2016 年，第 182 页。

趁职务之便吸纳了一些被批斗的教师到教研室工作，帮助他们躲避风波，其中就有四系的元老、原系主任马士修，以及后任北京理工大学校长的六系教师朱鹤荪。

马士修在"文化大革命"期间遭遇了不公平对待，周立伟看到这些心里十分气愤和难过，他不相信自己敬爱的马教授会有什么"罪行"。因此，他不仅冒着风险把马士修教授请回教研室工作，还想办法替他洗清"罪名"。在讨论"解放"马教授时，周立伟第一个站出来，他向工宣队列举许多事实，说明马教授是一位有民族气节、对祖国教育事业有贡献的老教授，对学校和仪器系有很大的贡献。在他和许多正义人士的据理力争之下，工宣队同意了"解放"马士修的请求。

朱鹤荪是一位化工专家，在"文化大革命"期间遭到批斗，受了不少折磨。周立伟知道朱鹤荪的专业能力很强，是不可多得的优秀教师，同情他的遭遇，也惋惜他不能够把精力投入到教学科研，白白浪费了许多时间。周立伟借用手里小小的权力，把朱老师请进了教研室，使他能够安心工作。

由于周立伟经常帮助被批判的同事，所以常有一些极"左"的人说他没有阶级斗争观点，批判他是"温情主义"，但他不以为然。周立伟认为，越是在非常时期，越能考验一个人的道德和品性。这时候的周立伟已经成长起来了，心性越来越坚韧。1957年反右派斗争中，周立伟因为没有挺身而出为同学们辩护，心中常常感到愧疚，但实际上，那时他人微言轻，即使仗义执言也改变不了结果，甚至还会受到牵连。但他却把这件事记在心上，视作一生的遗憾。所以在"文化大革命"中，他总想方设法帮助或保护自己的同事。

周立伟竭尽可能帮助"被打倒"的人，逐渐有了一个外号叫作"周善人"。然而，周立伟的这一行为遭到了一些人的反对，有人宣称夜视技术教研室是"牛鬼蛇神的避风港"，甚至想找机会整治他、羞辱他。1969年，全国夜视技术大会在北京召开，会议代表齐聚北京工业学院参观，由周立伟主持这一参观活动。一些别有用心之人认为这正是在众人面前打击周立伟的好机会，在代表们来学校的前一天晚上，他们连夜在院系所在的6号楼贴满了大字报，说周立伟如何同情和包庇"坏人"。第二天早上，提前来到办公楼的周立伟看到满楼的大字报，知道这是有人借机攻讦他，但他一点也不害怕，也不担心自己是否会受到牵连，而是淡定地继续主持参观活动。于是，当参加会议的代表们结队走入大厅时，看到的是一出滑稽的场面：代表学校迎接他们的主持人周立伟，身后赫然就是"周立伟必须老实交代"的横幅。在这些"揭露"周立伟的大字报中，有一张就赫然写着"周善人，对谁亲，对谁善？对阶级敌人亲，对阶级敌人善……"然而，第二天早晨就发生了反转，有人在这张大字报上写了一句很显眼的批语："善人总比你们恶人好！"路过的人看见了，都会心一笑。从那以后，校园里再没有出现过针对周立伟的大字报。

周立伟在"文化大革命"中不惧惹祸上身，一心帮助同事，仗义执言，"周善人"这个绰号很快就在学校里传了个遍，提起周立伟，大家都竖起大拇指，真心赞一声"好人"！

下放"五七干校"

1971年，周立伟被下放到河南驻马店的"五七干校"劳动，半年后，随干校迁到北京大兴庞各庄，直到1972年初才返回学校。这段时间，他扎根农村，与当地农民同吃、同住、同劳动，深刻体验到农村生活的辛苦，感受到农民的质朴和善良。

临行前，周立伟的心情十分灰暗，他觉得自己可能很难再回到教学科研的岗位上来了。他恋恋不舍地在校园里转了又转，最后在有限的行李中又装上了一本俄语词典和一本英语词典，想着不管怎么样，还是不要把专业都忘了吧！

"五七干校"实施军事化管理，白天生产劳动，晚上学习政治。一有空闲，周立伟就找个没人的地方悄悄掏出词典，默默背诵单词，算是苦闷生活中的一点慰藉。不久，周立伟偷学外语的事被发现了，干校领导认为这是个很大的政治问题，于是找周立伟谈话，说他不安心在农村改造，没有一辈子在农村扎根的思想。周立伟的回答也十分耿直："我是搞技术的，到苏联留学也是希望我在科学技术上对国家有所贡献，我确实没有在农村一辈子务农的思想，因为我不是学农的。我在空闲时学习一下外语为什么不可以呀？"领导一时无话可说，只好摆摆手，让周立伟快些离开。这件事后，周立伟背单词也不再偷偷摸摸，于是抓紧业余时间光明正大地学了起来。

周立伟到驻马店后，被分配到塘坊庄插队三个月，这段时间，他切实感受到了城乡差异，体会到农村里艰苦的生活。大家住的是土坯房，晚上睡土炕，身下垫着一床薄薄的草席，不暖和也不舒服。周立伟每天只睡五六个小时就要爬起来干活，劳动强度很大。虽然从未干过农活，但他态度好，肯吃苦，也愿意向农民请教。他不仅要种地，学会育苗、播种、翻土、施肥，还要养猪、看守水塘等。插队期间，有时候要背负 120 斤的粮食，跨过沟沟洼洼，走上几里地去运送，汗水很快就打湿了衣衫，其辛苦真是难以言喻。这样大的劳动量，周立伟从未经历过。他自幼长得瘦弱，经过一段时间的锻炼，居然比以前强健了。他乐观地想，这也算是农村生活的一大收获吧。

尽管周立伟抱着在劳动中改造自己的思想，不怕吃苦，但在生活上也确实遇到了一些困难。插队期间，吃饭需要到老乡家里去"搭伙"，也就是给农民粮票和钱，由他们安排饭食，每日去老乡家里和他们一起吃饭。当地农民对这些来改造的知识分子十分热情，没想到这些知识分子干农活这样有劲头。老乡们很喜爱周立伟，因为他为人和善，又踏实肯干，他们有时候给周立伟"开小灶"改善伙食，给他炸油条、熬豆粥。但周立伟肠胃不好，从小就不吃豆类的食物，一吃到豆类就禁不住呕吐，老乡的热情令他难以拒绝，只能硬着头皮把豆粥咽下去。时隔多年，回想起这些往事，周立伟笑说："这可真是难过的一关！"

周立伟在驻马店待了半年，因为表现好，得到了干校群众的认可和当地农民的赞扬，干校还曾选拔了一些表现积极的同志回学校汇报，周立伟就是其中一个。后来，"五七干校"迁址到北京大兴庞各庄，周立伟便随干校回了北京。新建的干校挨着天堂河劳改农场，条件比驻马店好了很多。有一次，周立伟随干校学员一起到水泥厂拉砖装车，虽然劳动强度很大，但大家的心情比在河南时好了不少，大家嘻嘻哈哈，一边干活一边开玩笑，也不觉得苦累，到了中午，大家就随意地躺倒在水泥地上睡觉。

1971年底，周立伟回到北京，但那时他还没有从干校"毕业"，依然是"五七干校"的学员，但可以回家和家人团聚了。即便回到学校，他依然要参加"劳动改造"，他被布置的头号任务就是去积肥，他的搭档是教物理光学的同事范少卿。每天天刚亮，他俩就骑着自行车，带着竹筐、铲子、扫把等工具，一起去学校附近的马路上捡粪，他们一路扫，一路捡，丝毫也没有难为情的感觉。回想起这段经历，周立伟说，那时候可真是知识分子劳动化了！

"五七干校"是周立伟难忘的一段日子。在这漫长的一年多时间里，周立伟不能把精力投入到教学科研中，心中十分忧虑。回顾这段日子，周立伟说：在"五七干校"劳动锻炼还是有一点收获的，一是亲身感受到当时中国农村的贫穷、农民的艰苦，深深体会到我国农民的难处；二是经过农村劳动锻炼，自己的身体强健了。但总的来说，周立伟为自己的专业被无端荒废而感到可惜，他感到自己科学创造的欲望在时间的流逝中也渐渐消失。

重 返 讲 台

1972年，周立伟终于重返教学岗位。

"文化大革命"期间，全国高校招生统一考试被迫中止。1972—1976年，推荐和保送成了高校招生的手段和途径，在特殊的招生政策下，一大批工农兵学生走进了大学校园。

1972年，久未招生的北京工业学院迎来了第一批工农兵大学生，其中，新恢复的夜视专业就招了30多名学生。周立伟和教研室的老师们都很珍惜这批特殊时期的学生，大家约定，不管工农兵学员的文化基础多么差，老师们都不能看轻他们，要以满腔热情教学，把知识都传授给他们。回校主持夜视技术教研室工作的周立伟争分夺秒地制定教学计划，组织教师为新生开课。为了快速提高学生们的基础，周立伟和教研室的老师们加班加点，每天晚上集中为学生辅导答疑。周立伟认为，只要好好培养，让学生们抓紧时间把基础知识补上，就能够学好夜视技术这门专业。

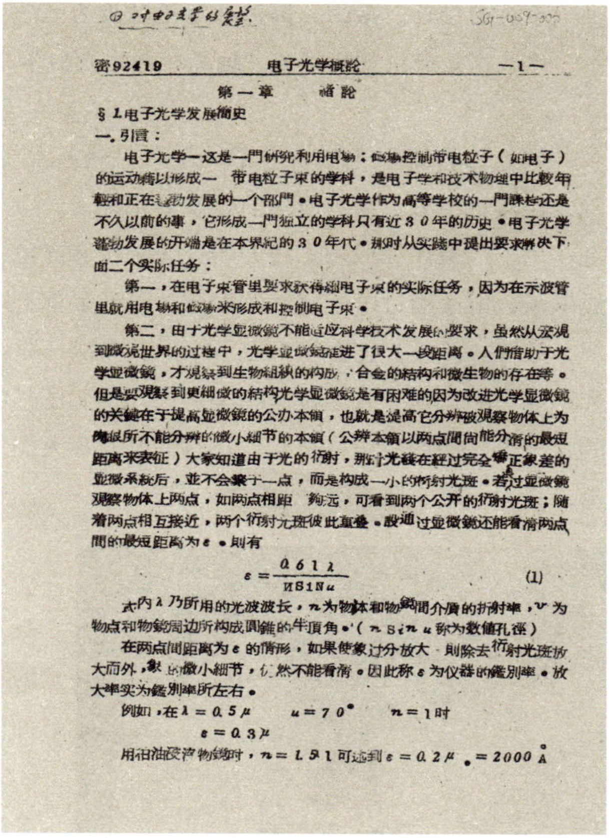
密92419　　电子光学概論　　—1—

第一章　緒論

§1 电子光学发展簡史

一、引言：

电子光学—这是一門研究利用电場：磁場控制带电粒子（如电子）的运动藉以形成一　带电粒子束的学科，是电子学和技术物理中比較年輕和正在蓬勃发展的一个部門。电子光学作为高等学校的一門課程还是不久以前的事，它形成一門独立的学科只有近30年的历史。电子光学蓬勃发展的开端是在本世紀的30年代。那时从实踐中提出要求解决下面二个实际任务：

第一，在电子束管里要求获得細电子束的实际任务，因为在示波管里就用电場和磁場来形成和控制电子束。

第二，由于光学显微鏡不能适应科学技术发展的要求，虽然从宏观到微观世界的过程中，光学显微鏡走进了很大一段距离。人們借助于光学显微鏡，才观察到生物組织的构成，合金的結构和微生物的存在等。但是要观察到更細微的結构光学显微鏡是有困难的因为改进光学显微鏡的关鍵在于提高显微鏡的分办本領，也就是提高它分辨被观察物体上为肉眼所不能分辨的微小細节的本領（分辨本領以两点間尚能分清的最短距离来表征）大家知道由于光的衍射，那时光綫在經过完全校正象差的显微系統后，並不会聚于一点，而是构成一小的衍射光斑。若过显微鏡观察物体上两点，如两点相距　够远，可看到两个分开的衍射光斑；随着两点相互接近，两个衍射光斑彼此重叠。設通过显微鏡还能看清两点間的最短距离为 ε。則有

$$\varepsilon = \frac{0.61\lambda}{n\sin u} \qquad (1)$$

式内 λ 乃所用的光波波长，n 为物体和物鏡間介质的折射率，u 为物点和物鏡周边所构成圓錐的半頂角。（$n\sin u$ 称为数值孔径）

在两点間距离为 ε 的情形，如果使象过分放大，則除去衍射光斑放大而外，象的微小細节，仍然不能看清。因此称 ε 为仪器的鑑別率。放大率实为鑑別率所左右。

例如，在 $\lambda = 0.5\mu$　　$u = 70°$　　$n = 1$ 时

$\varepsilon = 0.3\mu$

用杉油浸沒物鏡时，$n = 1.51$ 可达到 $\varepsilon = 0.2\mu = 2000\,\text{Å}$

图 5-1　周立伟为工农兵大学生上课的教材

入学第一课，周立伟向学生们详细介绍夜视专业，讲述北京工业学院研究夜视技术的基础和历史，告诉他们夜视技术在国防领域的重要性。

1958 年，北京大学和中国科学院也在研究光电发射的特性，研究光通过光阴极激发出电子的物理机理。研究光阴极的物理性质，是当时国内外电子学界的热门课题。第一，研究怎么样使光子通过薄膜激发出很多电子，开始研究红外的银氧铯光阴极，后来研究微光的多碱光阴极，这是光阴极的任务。第二，研究电子由光阴极发射出来如何不失真地落到荧光屏上，这是电子光学的任务，重点研究电子光学

系统的设计。第三，如何把电子转换为光子，使人眼能看见清晰的图像，这是荧光屏的任务。这三项都是我们学科研究的内容。①

周立伟告诉学生们，电子光学包括夜视器件，即变像管的设计、研制，在战争中有重大的应用前景。细化来说，电子光学要研究电子在电磁场作用下的聚焦和成像。故要研究光阴极和光电子的发射，即把光子转换成电子，电子通过电子透镜的聚焦，以及如何把电子转换成光子，即荧光屏，等等。此外，还要学习电子学以获得高压电源，学习电真空、学习电光源等。尽管初入大学校门的学生们尚不明了其中的深刻原理，但从老师的介绍中，他们知道夜视专业是对国家有重大作用的紧缺专业，大家都暗下决心，一定要把这门专业学好！

图 5-2　20 世纪 70 年代周立伟在家看书

在周立伟的主持下，教研室开设了各类相关课程。例如，要讨论如何把光子转变为电子，开设了光阴极的课；要了解电子在器件中怎么行进、怎么成像，开设了电子光学的课；研究电子如何转变为光子，开设荧光屏的课；器件需要小型高压电源，开设了电子光学相关（如高压电源）课程。

周立伟负责教授电子光学，当时他已是这一领域的青年学术带头人，用的教材是以留学苏联时期的副博士论文为基础而编写的《变像管与像增强器电子光学》。他说，自己在苏联攻读副博士学位期间，已经做了成像电子光学系统设计与计算等初步的工作，希望学生们将来能继续从事这一领域的研究，把这个问题研究得深入透彻。周立伟一边教学，一边思考，

———————————

① 周立伟访谈，2018 年 8 月 8 日，北京。资料存于采集工程数据库。

这一时期，他在教学和研究中，也为自己的理论体系构造了新的框架。在周立伟和教研室老师的努力下，首批工农兵学员学得都不错。

1975 年，周立伟亲自带领即将毕业的学生们到昆明国营云南光学仪器厂实习。周立伟和学生们在工厂里跟工人们同吃同住，他们一起工作，一起学习，一起交流。巧的是，这所工厂里的一些骨干技术人员也曾是周立伟早年教过的学生，他们希望借此机会，邀请周立伟也给厂里的工人们讲讲课，因为厂里正在制造红外变像管，但没有多少人了解电子光学成像原理，更别提像管中各个电极的作用以及它们对成像质量的影响。

周立伟欣然允诺。他专门写了一份介绍变像管和像增强器的报告，考虑到一些工人的文化水平不高，报告用最通俗、最朴实的语言，以问答的形式，深入浅出地介绍专业原理。周立伟的报告在工厂里取得了很好的效果，对技术人员和工人提高像管的制作质量起到了很大的帮助。厂里一位技术员对周立伟说："过去在学校听您讲电子光学，这门课理论一大套，公式一大堆，大家都稀里糊涂，这次您深入浅出地把成像原理讲清楚了，大家都听明白了。尤其是，您告诉我们一些电极尺寸变动时对成像质量产生什么样的影响，这对我们制作像管的实践特别有用，使我们知道哪些参数影响器件成像质量的程度，应该加以控制。"

重返三尺讲台，再执教鞭，把知识教给学生们，这是"文化大革命"以来，周立伟少有的舒心时光。

第六章
新时期　新气象

探索夜视像增强器

20世纪50年代末，我国开始研究夜视技术。作为国防领域中的重要技术，微光与红外夜视仪在夜间近战中起到了很大作用。研究夜视技术和制造夜视仪器，最关键器件的就是变像管和像增强器，通过其制作高灵敏度的光阴极和高质量的电子光学成像系统，把夜间不可见的或极微弱的图像变成可见的图像。从原理上说，变像管和像增强器就像一个光学透镜，光学透镜是用玻璃制成的，变像管和像增强器是一个电子透镜，由电磁场形成。其原理是通过不可见的或微弱的光打到光阴极面发射电子，把光子变成电子，电子出射后，通过电子透镜，轰击荧光屏发光，形成清晰的图像。制造变像管和像增强器要解决的核心问题是制作高灵敏度的光阴极和设计出高质量的电子光学成像系统。因此，像管电子光学理论和设计成为展夜视技术的前沿热门课题。

夜视仪器是在黑暗环境下使用的一种观测仪器，要看得远、看得清，关键要提高夜视光学系统的成像质量。20世纪70年代以前，评价光学系统的成像质量时，业内主要是用鉴别率或分辨率等概念。与发达国家相比，我国研制的光学产品的成像质量总是不够清晰，视场中似乎总是笼罩着一层薄雾，效果比同类产品要差，几番改进也总是达不到预期水平。研究人员百思不得其解，对此进行了较长时间的探索。

20世纪70年代初，国防科工委联合兵器工业部、电子工业部等共同组织了微光夜视技术的攻关会战。兵器工业第205研究所分析了在越南战场上缴获的美制微光夜视仪，发现该夜视仪的第一代微光像增强器的电子光学系统，正是周立伟在苏联副博士论文中建议的同心球系统的变型，于是邀请周立伟共同研究。周立伟对这个课题很感兴趣，于是来到位于西安的205研究所，与该所研究人员一起参与美制微光管的解剖工作。

通过对比，研究人员发现，美制管观察的夜视图像清晰明亮，国产管的夜视图像却是隐约模糊。究其原因，问题是出在纤维光学面板的调制传递函数（MTF）上。调制传递函数是光学系统或元件在不同的空间频率下的输出像与输入像的对比度之比，是空间频率的函数，反映光学系统传递各种频率正弦物调制度的能力。MTF值反映系统或器件的成像质量，当时我国光学产品检验工作中还没有采用这一概念，许多研究和技术人员甚至对MTF的概念一无所知。在意识到对评价光学

图6-1　周立伟在"73·6"夜视会议上作的《同心球型静电聚焦像增强器的电子光学系统》报告

系统成像质量的重要性之后，多个单位都尽快组织了学习和讨论。周立伟也立刻组织北京工业学院夜视技术教研室的老师们学习和讨论 MTF 的概念及其应用，他本人因为领先掌握了这个概念，并将之应用在具体实践中取得了较好效果，还被邀请到中国科学院电子学研究所开设了普及 MTF 的课程。

在解剖和研究工作完成以后，周立伟撰写了报告《美制微光像增强器电子光学系统分析》，为我国自行研制优质微光像增强器提供了较好的技术依据。在浓厚的学习研究氛围下，因为较早认识到调制传递函数的意义和作用，北京工业学院 441 教研室的张炳勋、胡士凌老师和 421 教研室的赵达尊老师携手合作，一起攻关，独立研制成功了我国第一台光学系统调制传递函数测试仪，这在当时也是一个很了不起的成就，是北京工业学院取得的有经济效益、有实用价值的前沿性成果，我国光学界的泰斗王大珩亲自主持了这个项目的技术成果鉴定会，对这台仪器给予了很高的评价。

20 世纪 70 年代初我国组织的微光夜视技术攻关会战，其中还有一项重要任务是要对变像管或像增强器的电子光学系统进行计算与设计。这就需要获得成像器件中的电磁场的分布，以形成电子透镜，使光阴极上的入射图像不走样地转移在荧光屏上，这是电子光学系统设计的任务。然而，电子透镜要实现好的成像系统，比普通的光学透镜更艰难，因为普通的光学透镜是很具体的玻璃形成的，它的形状即曲率半径以及折射率都是已知的，要算出结果并不困难。而变像管或像增强器，是在器件内形成一个电位场和磁场分布，这个电磁场是处处变化的。电子光学系统的计算，就是要描绘电子从阴极面逸出后，经过空间电磁场，抵达荧光屏的行进轨迹，并计算它形成的成像质量，从而设计出高质量的微光管。当时我国并没有掌握电子光学系统设计与计算的软件研发技术，无法研制出像增强器应用于精密的夜视仪中。国家希望研究人员能够在这场会战中，自主掌握电子光学系统设计方法，制造出拥有我们国家自主知识产权、性能优良的像增强器。

周立伟和西安近代化学研究所高级工程师方二伦、昆明技术物理所研究员冯炽焘接受了任务，三人作为这项研究项目的主要承担者和参与人，展开电子光学系统的设计工作。他们被赋予的任务是：通过给出电极的形状和尺寸，以及施加的电压，计算电位场、电子轨迹、成像特性及其像差等，对变像管与像增强器电子光学系统进行设计。其中，周立伟负责项目总体方案及理论公式，方二伦负责软件与程序编制，冯炽焘负责计算方案与结果校核。周立伟称他们三人是"三剑客"，彼此合作十分默契，发挥了各自的专长。

这个任务在国内外都是前沿课题，项目起初可谓困难重重。

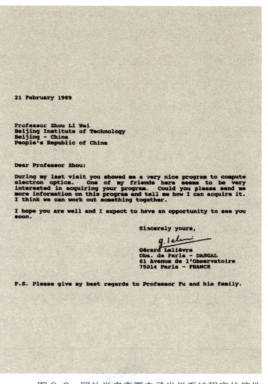

21 February 1989

Professor Zhou Li Wei
Beijing Institute of Technology
Beijing - China
People's Republic of China

Dear Professor Zhou:

During my last visit you showed me a very nice program to compute electron optics. One of my friends here seems to be very interested in acquiring your program. Could you please send me more information on this program and tell me how I can acquire it. I think we can work out something together.

I hope you are well and I expect to have an opportunity to see you soon.

Sincerely yours,

Gérard Lelièvre
Obs. de Paris - DASGAL
61 Avenue de l'Observatoire
75014 Paris - FRANCE

P.S. Please give my best regards to Professor Fu and his family.

图 6-2　国外学者索要电子光学系统程序的信件

一方面是计算精度。他们要求出电极系统的电位分布，也就是求出在给定边界条件下 Laplace 偏微分方程的解。这通常要先在电极边界所包围的区域划分网格，建立起有限差分方程组，进行超松弛迭代求解。在这一步中，若采用的网格间隔很密，则网格的数目庞大，电位的计算精度提高了，但迭代计算的时间加长了；若网格的间隔加宽，迭代计算的时间加快了，但电位的计算精度下降了。做完这一步以后，还要依据所求出的电位分布，在给定的初始条件下，求电子运动微分方程的解。最后由电子轨迹的计算结果，确定电子光学成像参量及像差等。这很考验计算和设计者掌握的分寸，要求他们有较强的大局观，具备一定的经验，还要有超强的耐心。

另一方面是计算速度。当时使用的是 20 世纪 60 年代的国产 DJS-6 电子计算机，计算速度很慢，难以适应课题要求的高精度计算。周立伟常常要在办公室等候一晚上才能得到计算结果。

经过三年多的团结合作和艰苦努力，他们终于设计出了可用于程序像增强器电子光学系统的程序。经过专家鉴定，认为该课题成果达到了20世纪70年代国际先进水平。任务完成后，周立伟与方二伦继续对软件进行改进，将其用于实际的研发制造中。他们所研制的像增强器电子光学系统设计与计算软件包为我国微光夜视器件自主研制与开发开辟了道路。从仿制到自主设计研制，这条路漫长且艰难，好在终于迎来了曙光。由此，我国摆脱了该领域对国外技术的依赖。1978年，"变像管电子光学系统设计程序"项目荣获全国科学大会奖。周立伟认为，课题组三人中方二伦的功劳最大，因为程序软件都是方二伦一个人完成的。方二伦荣获陕西省劳动模范称号，并代表课题组参加了1978年全国科学大会。

1982年，周立伟发表文章《成像系统电子光学若干问题的探讨》，一是他对过去的思考，主要是在苏联期间受到的启发；二是结合当前的研究工作提出了一些设问，主要是关于静动态电子光学的发展前途和遇到的困难，他带领研究生仔细思考，试图把这些问题一一解决。在解决问题的同时，这一阶段，他与方二伦合作研究用个人计算机（PC机）进行设计，经多次反复修正补充，编制了较为完善的像管电子光学设计软件包，促使其推广应用。他们所承担的项目"宽电子束聚焦理论与设计"于1990年获中国兵器工业总公司科技进步奖一等奖，1991年获国家科技进步奖二等奖。20世纪90年代，周立伟与方二

图 6-3　1978 年全国科学大会奖状

伦、张智诠、金伟其、倪国强等合作，研究用多重网格法加速场的迭代计算，并进行系统优化，研制成功了"像管优化设计及 ODESI 软件包"，于1996 年获国家科技进步奖三等奖。该软件包经北方夜视公司昆明分公司和西安应用光学研究所应用，进行了微光一代管和二代管的电子光学设计和研制，取得了重大的经济效益和社会效益。21 世纪初，周立伟又进一步深化了他的研究，和方二伦、李元等人合作，把动态电子光学时间像差计算的内容融合到静态宽束电子光学系统设计中，形成了 ODESI-SD 软件包。

周立伟一直关注夜视技术学科的前沿，尤其是苏联开展夜视像增强器研究工作的经验。早在 20 世纪 70 年代，苏联应用物理研究所就开始进行负电子亲和势（NEA）光阴极的研究，但由于缺乏测试装置（特别是超高真空设备），研究进展受阻。1984 年，苏联应用物理研究所制出了苏联首个夜视像增强器三代管，灵敏度达到 1450μA/lm。周立伟一直向有关方面建议，希望我国早日投入三代微光的负电子亲和势光阴极的研究，遗憾的是，出于我国实际国情等一系列复杂的原因，他的提议没有得到积极的响应。我国的三代微光像增强器直到 21 世纪才投入研究，取得了可喜的成果。

喜迎科学的春天

1976 年 10 月 7 日晚，周立伟得知"四人帮"被逮捕，他兴奋不已，立刻跑到北京工业学院隔壁的中央民族学院，找到他最信任的好友、宗教史教授吕大吉[①]夫妇，告诉他们这个消息。周立伟和吕大吉高兴地拥抱，又唱又跳，吕大吉还拿出一瓶珍藏多年的好酒，与周立伟兴奋地碰杯，他

---

① 吕大吉（1931-2016），1957 年毕业于北京大学哲学系，先后在中央民族学院、中国社会科学院世界宗教研究所工作，任中国宗教学会顾问，从事宗教学原理研究，代表作有《宗教学通论》《西方宗教学说史》《宗教学通论新编》《洛克物性理论研究》等，主编《中国各民族原始宗教资料汇编》等。

图 6-4　20 世纪 70 年代周立伟（右）和吕大吉在圆明园合影

们都说：未来的日子将要变好了！

时间很快就到了 1978 年，这一年发生了许多大事，这是十年动乱后周立伟感到最开心的一年，他形容是"大喜的一年、翻身的一年"。

这一年的元旦，《人民日报》《红旗》杂志和《解放军报》发表社论《光明的中国》，提出要加快经济建设速度，多快好省地全面完成国家计划，社论里还严厉批判了"四人帮"的倒行逆施。周立伟从这篇社论中感受到了强烈共鸣，他看到了国家要发展经济、加快建设的决心。

2 月 17 日，周立伟又在《人民日报》读到作家徐迟的报告文学《哥德巴赫猜想》，讲述了知识分子优秀代表、数学家陈景润在极度困难的时期，蜗居斗室，用坚定的意志，一心钻研数学难题的故事，这篇文章对当时的知识分子产生了很大触动。周立伟捧着报纸，激动地流下了眼泪，文章传递出的信息令他感受到一股强大的动力——知识有改天换地的力量，知识分子将要获得彻彻底底的解放！

1978 年 3 月，全国科学大会在北京隆重召开，预示着科学的春天即将到来。这次会上对一批优秀的科学成果进行了表彰。周立伟、方二伦、冯炽焘三人合作的"变像管电子光学系统设计程序"，荣获全国科学大会奖，方二伦代表课题组在人民大会堂领奖。这件事也是周立伟心中永远的骄傲。

图 6-5　20 世纪 80 年代方二伦和周立伟讨论工作

全国科学大会上，邓小平同志向全国知识分子做出坚决保证：要当知识分子的后勤部长，要为"科学技术人员创造必要的工作条件"，号召全国知识分子们"在党中央领导下，坚定不移地朝着建设社会主义现代化强国的伟大目标，乘风破浪，胜利前进"。周立伟暗下决定，要抓紧这个机遇，把自己过去所学全部派上用场，要更加努力地把失去的时间找回来。

1978—1999年，周立伟争分夺秒工作，一刻也不愿放松。这期间，他成果累累，发表学术论文、科技报告和专著等200余篇（部），许多篇被 SCI、EI、PA、EEA、CCA 等检索系统收录，获得了一系列荣誉和奖项。他感恩国家对科技人才的尊重和对科技发展的支持，他说："我走过的路实际是代表了五十年代成长起来的这一代知识分子的历程。但我是这一群人中幸运的一个，赶上了改革开放的好时代。党的十一届三中全会的路线和邓小平同志的改革开放的方针、政策，特别是提出'科教兴国'的口号，重视科学与教育，重视知识和人才，使我国的科技教育事业迎来第二个春天，开始了中国知识分子多少年梦寐以求把知识和才能献给祖国的新时期。这也是我的最大机遇，我的绝大部分成就是在十一届三中全会后这20余年内取得的。我要深深感谢改革开放的好时代。"

1999年11月，周立伟当选中国工程院院士。

一位指导教师的札记

自从1958年周立伟大学毕业后走上教师这个工作岗位，至今已有一个甲子的岁月，如今九十岁高龄的他仍然坚守自己的岗位。教师，是周立伟在科研工作之外的一个重要身份，也是他引以为傲的终身职业。

周立伟的执教生涯受过许多前辈的影响：列宁格勒电工学院的茹里叶教授，清华大学的孟昭英教授，中国科学院长春光机所的王大珩院士，以及北京工业学院的马士修、于美文、连铜淑、李德熊等教授。他们都是周立伟学习的前辈，为人正直，一心一意做学问，热心帮助青年学生。周立伟希望自己能够像他们一样，因此他向一边认真教学，一边提高自己。无论什么时代，他始终牢记教师的职责，在困难条件下坚持教学，只要有课可上，他就发自内心地高兴。他的想法很简单：把自己的知识传授给学生，希望他们成为国家的栋梁。

教师这个职业意味着清贫和寂寞。在长达 14 年的时间里，周立伟一家四口一直居住在一间只有 16 平方米的房子里，家里的一个箱子既装衣服又当餐桌，是周立伟备课的书案，也是孩子们写作业的书桌。1978 年底，一位英国专家携夫人来校访问，希望去周立伟家拜访，但周立伟家过于逼仄，不便接待，于是学校想了个办法，借来一间两室一厅假装是周立伟家，才把外宾应付过去。

留校后，周立伟的工资 20 多年都没涨过，收入甚至不及在华通电机厂当技术员高。家里还有两个孩子要抚养，经济上愈发捉襟见肘，全靠吕素芹精打细算，一家人省吃俭用，家里一直没什么积蓄。尽管日子过得清贫，但周立伟不以为然，总是笑着和妻子说："穷则独善其身，达则兼济天下。"周立伟从未想过要利用自己的技术赚外快，在他看来，教师应该为人师表、甘于寂寞、安于清贫。

> 我们当教师的总是这样想：既然当了一名教师，就要尽到自己的天职，把学生培养好，把自己的教学科研工作做好。不管你怎样想，学生总是看着我们，把教师作为自己的楷模。①

1978 年以前，周立伟主要带本科生，北京工业学院光学专业学生，大多受过他的指导。"学高为师，身正为范"，在谈到成为教师的条件时，周立伟最赞同的是《资治通鉴》里的"聪察强毅，谓之才；正直中和，谓之德"。他认为，教师应德才兼备，这也是他对自己的要求："我自己就是在许许多多国内外的老师们指导下成长的。"提到自己选择教师职业时的初

---

① 周立伟：学为人师，行为世范。见：周立伟著，《藏绿斋札记：感悟人文》。北京：北京理工大学出版社，2016 年，第 86 页。

衷，他说："不是为了养家糊口，而是为了追寻自己的价值，使自己能更好地服务社会，培养优秀的学生，报效自己的国家。教书的目的是育人——大爱育人，我希望我能培养出的学生是一个优秀的人，首先是一个好人，其次是专家。"

作为前沿国防技术领域的一名教师，周立伟深知自己身上的重任，国家发展亟须专业人才，他希望每一位青年学子都能成长为栋梁之材，他总是语重心长地告诫学生们：要珍惜学习的时光，在学校期间要好好学习，既要学到知识，也要养成美好的品德，成长为对社会有用的人。周立伟对学生有两方面的要求，一方面在德行上要求学生成长为有道德、有信念、有理想、有诚信的人，他告诉学生，要经常自我反省，知错能改，学会识别好恶；另一方面通过精通理论，锻炼业务，形成独立解决问题的能力，开拓创新，成长为专门领域的专家。他按照这样的标准，严格要求学生，手把手指导学生选择课题，激发学生的科研兴趣，培养他们的科研习惯。

周立伟与学生之间亦师亦友，他们一起讨论学术问题，一起做课题。那时候的学生家庭条件都不是很好，尽管周立伟自己也不富裕，但他尽可能地为学生们改善生活。每逢年末，周立伟便邀请学生们到家里吃饭，妻子吕素芹亲自下厨，让学生们一饱口福。那时大家总盼望去周老师家做客，时隔多年，回忆起当年在周老师家的欢聚时光，大家心里都很怀念。

周立伟鼓励学生参加学术活动，常带他们外出交流。有一次，他和学生一起出差无锡，因买不到票，就在火车过道席地而坐，凑合了一整夜。他带学生们去外地开会，有时候就借住在大学宿舍或是附近的小旅馆。周立伟从不讲究吃穿住行，丝毫没有架子，与学生亦师亦友，师生常常围炉夜话，他们一边吃着从街上买来的小馄饨，一边畅谈当天听到的学术报告，交流学术界的新动向。师生关系亲密无间，学生们说周老师就像父亲一样慈爱。

1978 年，我国恢复了因"文化大革命"而中断的研究生招生，这一年，周立伟开始招收他的第一届研究生。1978—1980 年，周立伟招收的第一届研究生有潘顺臣、艾克聪、倪国强三位。他们三人十分刻苦，争分夺秒学习，用周立伟的话形容是工作起来"夜以继日"。周立伟十分喜爱

图6-6　周立伟（中）和学生潘顺臣、艾克聪

这三位研究生，说他们有远大的理想。功夫不负有心，周立伟招收的第一届研究生在他的指导下刻苦学习，毕业后均在专业领域内取得了喜人的成绩：潘顺臣毕业后成为我国红外专家，曾担任中国兵器工业集团211所所长；艾克聪毕业后当上了研究员、所长、副总工程师，在工作岗位上取得了突出的成就；倪国强毕业后留校，在周立伟指导下获得了博士学位，后来当上了博士生导师、系主任、首席教授，获评国家级有突出贡献的中青年专家，担任了校学位委员会副主任、研究所所长等。周立伟为学生们取得的成绩感到自豪，他的首批研究生在各自岗位上取得的成就，也证明了周立伟在学生培养实践上的成功之处。

1980年2月12日，我国通过了《中华人民共和国学位条例》，随后国家又制定了《中华人民共和国学位条例暂行实施细则》。周立伟十分高兴，他知道国家越来越重视人才培养。怀着对教育事业的热情，他写了《关于研究生学习与学位论文工作的札记》提交给校学术委员会，讲留苏期间做研究生的实践经历，谈培养研究生的亲身体会，总结自己教学和育人的心得。文中提到，每一位研究生都应该得到学术导师的指导，导师的作用在于"在研究生的学习与论文工作上予以指导，提出建议，并帮助解决出现的困难"。在谈到开发研究生的创造性，提高他们解决问题的能力时，他提出"必须让整个论文工作的主要思想是研究生自己的"，学术导师要想办法培养学生自主学习、自主思考的能力，要在学生选题上结合实际需要，充分考虑。他认为，作为一名研究生学术导师"要发挥研究生的主动性和进取心，促使他（她）成长为一个真正的科技工作者。"[1]

1984年，周立伟访问位于美国亚利桑那州的图森大学光学中心，其间详细了解了美国大学的学位制，特别是研究生的入学初试、有关光学类研究生的考试科目、研究生学习安排及学位论文、答辩等。这次访问对他启发很大，回国后，他对学校培养人才制度和方式提出了一些建议，于1985年7月在

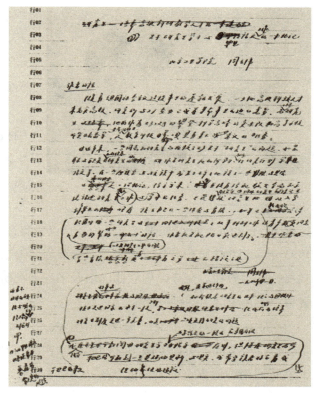

图6-7 《关于研究生学习与学位论文工作的札记》手稿

学校召开的工作经验交流会上作报告《关于研究生指导教师的作用》。报告中把研究生比喻为"攀登科学技术高峰的突击队和高等学校师资的后备军"，认为培养和使用高级科学技术人才是促进科学技术发展的前提，由此凸显了新时代人才的重要性；赞颂了国家实行学位制，认为这是和教学、科研、管理密切结合的。他结合国外成熟的学位制度和自己在苏联的学习体会，以及多年的教学实践，详细指出了培养研究生应该注意的方法，包括每一个学年如何安排课程、如何帮助学生选题以及研究生的毕业论文应达到什么样的标准才能够合格，等等。这篇报告在学校里引起了不少讨论，在此之前，几乎没有人提出过这样的建议和意见。报告为当时学

---

[1] 周立伟：学为人师，行为世范。见：周立伟著，《藏绿斋札记：感悟人文》。北京：北京理工大学出版社，2016年，第274页。

图 6-8　周立伟指导研究生

校的研究生课程设置、培养方案指出了一条明晰的道路，校领导对此也十分赞赏。

1980 年，周立伟晋升副教授，还当选为北京工业学院第一届学术委员会委员，此后担任校学术委员会委员、系学术委员会主任长达 20 年。1982 年，他荣任国务院学位委员会学科评议组成员，并连任三届。1983 年，周立伟被国务院学位委员会批准为博士生导师；1984 年，被国家教委特批为教授。至今，周立伟已培养了一大批研究生，其中许多人成为各自单位和领域内的科技骨干。

周立伟常常对学生说："做学问中学做人，做人中学做学问。"他要求学生们在校期间，不但要做出学问，还要在做人方面有所进步，成为从科学素质到精神境界全面发展的优秀人才。"清清正正做人，老老实实做学问"，做学问一定要立志，勤奋才能造就人才。他说自己在苏联留学期间的座右铭是这样一个公式：志气＋耐心＋方法＝成功。他希望每一位在求知道路上的青年们都立下远大的志向，并能坚持为自己的理想而奋斗，这也是每一位教师对学生们的殷殷期望。学生艾克聪回忆起读书时代的往事，他记得周老师对他说，要自己把所有的精力都投入到学习和科研中去，周老师给他讲爱因斯坦的故事，告诉他要对科学有好奇心，在科学中不断探索、不断创新。艾克聪感念，当初是周老师的言传身教，让自己迷上了电子光学这门前沿学科，也正是老师的教导，令他掌握了科研方法，走上了科研道路，并以科研和教学为终身志向。

1986 年，周立伟根据自己长久以来的教学经验，在当年《北京高教研究》第一期上发表文章《谈谈研究生指导教师的作用》，详细阐述了自己的育人思路和观点。他认为，一名指导教师的作用主要体现在四个方面：选题、引路、治学、把关。一方面，教师应帮助学生选择有时代感，符合学生志趣，又有现实意义和科学价值的题目；另一方面，教师还应该以自己的学问和学风影响学生，有技巧地引导学生去探索本学科的前沿。对于学生的论文，教师要严格审查，以确保参加答辩、取得学位的学生是完全符合标准的。

1996 年秋，周立伟访问位于列宁格勒的苏联科学院约飞技术物理研究所。这一次访问对他触动很大，原来当时正值苏联解体前夕，约飞技术物理研究所经费大幅缩减，研究人员甚至拿不到工资，但他们依然坚守岗位，认真教学。周立伟对此深受感动。

1998 年，周立伟将自己多年来的手札、讲演、文章等汇编成著作《一个指导教师的札记》并出版，介绍他在指导研究生过程中记录的有关科学方法，系统地提出了做学问的方法和规范，是他从事教学和科研工作的经验总结。周立伟认为，要把学问做好必须要掌握科学研究的方法，这是一种思维的方法，也是哲学问题。

> 青年学人，如果完全靠他（她）自己慢慢摸索，到他（她）学会科学研究方法时，最富创造力的年华或许已经逝去。因此，如果我们这些'过来人'能对未来新一代的我国科学研究工作者以科学方法（包括学习方法、治学方法、思想方法）的指点，而不是听任他们凭借个人经验事倍功半地去摸索；使他们尽快掌握科学研究方法与学习方法，学会正确的科学思维方法，这将有助于他们增长才干，提高科学的鉴识力，去进行创造性的工作，早出成果，早日成才。[1]

在《一个指导教师的札记》中，周立伟带着强烈的责任感，详细总结自己在科学道路上犯过的错误和积攒的经验，毫无保留地传授给青年教师和学者，希望他们少走一些弯路。他谦虚地形容这只是"科学海洋中的一股小小细流，如果它能引起青年学人对于科学方法的重视并觉得有所帮助的话，我的目的和愿望也就达到了。"[2] 该书出版后，在科学界影响很广，

---

[1] 周立伟:《一个指导教师的札记》。北京：北京理工大学出版社，1998 年，第 2 页。

[2] 同[1]，第 4 页。

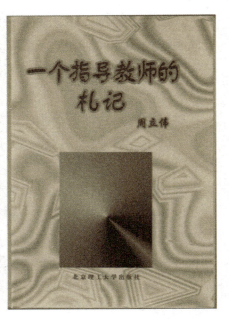

图 6-9　周立伟著作封面

好评如潮。2007 年，在前期的基础上，他扩充内容，再次出版了《科学研究的途径———一个指导教师的札记》，图书一经出版，立刻供不应求，也让周立伟欣慰地感到，无论是学术界还是教育界，对教师如何指导学生这个话题都十分感兴趣，大家都有强烈的探索欲望。

1984 年，周立伟被评为国家级有突出贡献的中青年专家；1996 年被授予"全国兵器工业先进工作者"荣誉称号；1999 年被评为北京理工大学师德标兵；2001 年被评为北京市高校系统优秀共产党员；2004 年荣获北京理工大学"研究生指导教师名师奖"。

图 6-10　2017 年 1 月 14 日周立伟（左）、倪国强和王涌天参观展览

众多荣誉当前，周立伟仍然觉得自己做得不够。2018 年 9 月 20 日，在为北京理工大学师生们做的报告中，周立伟感慨新时代的学生们已经有了更好的学习环境，鼓励他们一定不要辜负时光，要在这美好的时代中顺势而为："今天的你们是非常幸福的。天高任鸟飞，现在是讲科学发展观，以人为本的时代，只要努力上进，前程无量。我非常羡慕你们，因为中国在不久的将来将由一个世界大国变成世界强国。你们将可以看到中华民族屹立于世界民族之林，扬眉吐气的日子了。"

时至今日，周立伟仍然奋战在教师岗位的第一线，他热爱这个职业，希望尽其所能为国家培养更多的人才。

第七章
日渐扩大的学术交流

难得的访英经历

　　1973 年，兵器工业部光电处组织代表团赴英国和荷兰考察，周立伟是代表团成员之一。这是他从苏联归国后第一次出国访问，临行前，他既激动又兴奋，希望通过这次访问了解英国的夜视技术水平，找出我国与发达国家的差距。代表团在英国主要参观了伊美公司（EMI）、兰克集团光学厂和帝国理工学院等，看到了以云母片耦合二级级联像增强器的制作，以及当时最先进的光学透镜加工设备。

　　代表团离开英国后又去了荷兰，主要访问了代尔夫特电子产品（DEP）公司，详细考察了该公司制备一代微光像增强器的生产线，其设备的先进性和技术上的复杂性给他们留下了极为深刻的印象。通过考察，专家们认为我国引进微光一代像增强器生产线大有可为。回国后，周立伟向兵器工业部所属的北方工业公司提出引进荷兰 DEP 公司的第一代级联像增强器，并做了许多联系工作。

图 7-1　1973 年周立伟（左三）参观 EMI 电子管部

　　在这次出国考察中，周立伟与国外学者建立了联系。1974 年夏，周立伟接受英国帝国理工学院麦基（J. G. McGee）教授和摩根（B. L. Morgan）博士的邀请，前往英国参加光电子成像器件国际会议，并参观了英国的一些光电子器件公司。这两次出国访问让周立伟认识到，相比发达国家，我国的光电子成像技术还存在较大差距，要迎头赶上，我国还有一条艰难而漫长的路要走。他深刻感到了自己这一代科技工作者身上肩负着的深重责任。关于这两次出国考察，周立伟特别撰写报告叙述国外光电子成像器件的进展，由中国科技文献出版社出版。

　　1978 年初，英国兰克集团和帝国理工学院来信，邀请周立伟赴伦敦参加第六届光电子成像器件国际学术会议和电子成像国际会议，向学界介绍他的研究成果。收到来信的周立伟心情复杂，高兴的是这意味着国外学术界在关注他的研究工作，但那时我国的国门还未完全打开，出国手续极为烦琐——出国的人需要有人为他作担保，一旦滞留不归，担保人要负责

图 7-2　1973 年周立伟访问英国伦敦帝国理工学院

任。系里的领导对此事产生了争议，一位系领导怕担风险，不愿为周立伟担保。这时，四系领导李振沂主动站出来，表示愿意给周立伟作保，他拍着胸脯，斩钉截铁地说：我相信周立伟的为人！在经过有关部门批准后，由兵器工业部和电子工业部组团，周立伟任代表团团长率团出国参加由伦敦帝国理工学院召开的光电子成像器件国际学术会议和由兰克集团召开的电子成像国际会议。

　　周立伟在会上宣读了论文《电磁复合聚焦同心球系统的电子光学》。在宣读这篇论文的过程中，有两件事值得一提。其一，周立伟没有借助翻译，而是自己用英文宣读了整篇文章，可见他的英文水平很高。在这之前，周立伟为了能够熟练掌握英语，付出了很多努力。虽然他早年有过英文学习的基础，但由于大学以后用的大多是俄语，加上苏联留学多年，英语已经多年不用，十分生疏了。后来周立伟了解到，除了苏联，一些欧美国家的光学技术也走在世界前沿，尤其是在赴荷兰和英国考察后，他感到欧洲国家的电子光学技术有很多值得学习的地方。因此他加倍努力学习英语，功夫不负有心人，周立伟几年时间就熟练掌握了这门语言，特别是将光学专业的英语词汇熟记于心。后来他经常出席国际会议，有时候翻译人员因为不懂专业，许多术语翻译不出，别人就请他上台来翻译。可见周立伟有不错的语言天赋。

　　其二，在国际大会上宣读论文，并不是拿着稿子念一遍就完事了，还要用文字和图片向展示论文的重要观点。那时候演示论文需要先把文稿拍摄成胶卷，再制作成幻灯片，周立伟为此费了一番功夫。不仅如此，论文需要打印后提交给会议组，在打字机都很精贵的年代，这也是个麻烦事。

多亏学校的严沛然副校长和陈鑫武老师伸出援手，一位帮他修饰英语，另一位帮他打字，大家齐心协力，终于完成了一系列准备工作。

周立伟宣读的《电磁复合聚焦同心球系统的电子光学》，是他在苏联研究的静电聚焦同心球系统的电子光学的扩展。他获得了电子轨迹的精确解和近轴解析解，并对四种不同类型的系统以统一的形式表述，得到普适的解析解，讨论了电子光学成像特性和像差，以及应用前景等，引发了与会者的热烈讨论。与会者赞赏这篇文章很有创造性，由此了解到了中国的电子光学的研究进展。这次大会一共宣读了 80 篇论文，其中 40 篇入选英国知名学术期刊《电子学与电子物理学的进展》（*Advances in Electronics and Electron Physics*）1979 年第 52 卷，周立伟的文章是其中之一。作为一名来自中国的青年科学家，周立伟的表现给国际学者留下了深刻印象，这次会议后不久，参加会议的另一位美国同行就邀请周立伟去美国罗德岛大学讲学，介绍他的科学研究。

接着，周立伟参加了兰克集团发起的电子成像国际会议，主持会议的正是英国著名夜视技术专家解根博士，周立伟在静电聚焦同心球系统研究中曾经受到过他的文章的启发，而解根博士也很赞赏周立伟把同心球系统的研究扩展到电磁聚焦领域。解根博士对周

图 7-3　1983 年 5 月周立伟（左三）、蒋先进（左二）和吴全德（右三）等参加英国伦敦国际光电子成像器件会议

立伟说：欢迎中国的科学家前来访问，希望这次会议令中英两国建立起友谊。由此，周立伟与解根博士建立起联系，20世纪80年代初，他还盛情邀请解根博士来中国讲学。

周立伟在这次国际会议上听了许多有启发性的学术报告，尤其是苏联科学院普通物理研究所的谢列夫（M. Schelev）博士在会议上报告的有关苏联科学院在高速摄影成像器件领域的成就，二人对这一问题做了许多有益的交谈，并在此后建立起了持续的交流和良好的友谊。

会议结束后，周立伟一行参观了英国马拉德公司实验室。当时正好有工人在制作像增强器的多碱光阴极，这是周立伟的专业，他对此十分感兴趣，就和工人们聊了起来。周立伟说，制作光阴极与其说是一门技术，不如说是一门艺术，其工艺极难掌握；每个制作工人都有自己的一套技术诀窍，添加碱金属的顺序和平衡完全依赖于操作者的灵性，故产品质量忽好忽坏，极难控制；但通过光阴极制作检控仪，可以按照光电流随时间变化的"标准曲线"所设定的步骤进行，便能制作出高灵敏度、高光谱响应的光阴极。周立伟还告诉工人师傅一个诀窍：制作光阴极关键在于铯量的控制，提高铯量可以使灵敏度上去，但暗背景（暗电流）相应也提高了。工人听出周立伟是一个行家，便拿起自己刚制作的光阴极工艺曲线，向周立伟请教。周立伟称赞了他制作的工艺水平，建议他分多次缓慢进铯，如此得出的光阴极质量将会更好些。这位工人师傅听了十分高兴，说从来没有一位参观者能说出如此深刻的道理。这位工人师傅向周立伟出示了一些他制作的光阴极工艺曲线，周立伟便趁机向他索要了两张光阴极制作工艺的曲线图纸，并在参观和交谈过程中默默地把光阴极检控仪的面板布置全都记了下来。他一回到旅馆，就立刻凭记忆把看到的画了下来。那时，他的教研室成员、实验室主任张忠廉正在和王仲春、张民生一起研究开发光阴极制作检控仪。周立伟回国后，把他绘出的两张光阴极制作工艺曲线图以及面板布置图交给张忠廉研究，还向张介绍在马拉德公司实验室看到的一切，这给了研究人员很大的启发。张忠廉等人通过周立伟提供的宝贵资料，很快把这台仪器开发出来，取名为PJ-1型光电阴极制作检控仪。它采用先进的铬酸盐制取钾钠铯的工艺方法，用光电流放大器、记录控制仪和稳流电流源，检测记录控制光阴极的制作，并自动记录光电流、激活温度和真空度随时间变化的曲线。这样，工人们只要以"标准"曲线为操作规范，便能获得良好的产品质量。PJ-1型光阴极制作检控仪经鉴定，被认为达到了国外同期同类仪器的先进水平。1981年该产品获国务院国防工办重大科技改造奖一等奖，1985年获国家科技进步奖三等奖。该项目报奖时，项目负责人张忠廉建议把周立伟的名字列上，作为完成人之一。周立伟坚决不同意，认为自己作为教研室主任，帮助教研室成员完成科研项目是自己应尽的责任。他把该项目所获得的奖金1500元，都分给了张忠廉、王仲春、张民生三人。项目完成后，该检控仪卖出32台，获得了很好的经济效益和社会效益。

就这样，周立伟圆满完成了这次的出国任务。

难忘的国际往来

周立伟早年在苏联留学，深知对外交流的重要性。在历次的出访和接待过程中，他认识了许多国外学者，并与他们保持良好的学术往来。

1980年10月14日—11月14日，应美中学术交流委员会的邀请，在中国科协副主席王顺铜和清华大学孟昭英教授的带领下，周立伟作为中国科协第二届访美代表团成员访问美国。这次访问，周立伟参观了美国的博物馆、大学与研究机构，还做了详细记录。

10月22日：华盛顿国家宇航馆（National Air and Space Museum，NASM）是史密森协会（Smithsonian Institution）的一个博物馆，馆内展示了飞机发展史，有怀特兄弟1903—1905年初次飞行的飞机模型，各个年代的飞行器以及天空实验室，每年有上万人参观。

10月23日：美国自然历史博物馆（American Museum of Natural History）与美国历史和技术博物馆（Natural Museum of History and

Technology），这两个博物馆都是隶属于史密森协会。美国自然历史博物馆收集有 6000 万有关人类与自然起源的展品，馆内的展品十分逼真、雄伟。有巨鲸以及非洲大象的模型等，此外还展出了亚非北美人类发展史和文化。

10 月 23 日：美国国家标准局（National Bureau of Standards，NBS）是全国的科学、工程与测量实验室。自 1901 年开始，NBS 便为全国的测量标准提供基准，这些标准为人民和国家之间买卖货物，发展产品，评判产品的质量，维护健康和安全提供准则。

……

这次访问最让周立伟兴奋的，是参观了举世闻名的贝尔实验室，访问了材料研究部与半导体电子学研究部，看到当时正在建设的全美光纤通信网络图，令他感到震撼。同时，在与美国科技工程界的许多科学家、技术专家的交谈中，他对美国的电子学、光学、化学、物理学行业也有了一些广泛的印象。

这次访美中，周立伟见到了物理学家、诺贝尔奖获得者杨振宁，被誉为"东方居里夫人"的核物理学家吴健雄，以及有"激光之父"之称的诺贝尔物理学奖得主查尔斯·哈德·汤斯。

第一次见到杨振宁教授是代表团访问纽约州立大学石溪分校，杨振宁教授在这所学校任教。孟昭英是杨振宁在西南联大时的授课教师，他们之间有亲切的师生之谊，听闻孟昭英一行前来，杨振宁便盛情邀请考察团共进午餐。午餐会上，宾主尽欢，杨振宁还坐到周立伟对面与他亲切交谈，他们谈起了中美在高能物理领域进行科技合作的话题，杨振宁教授还表示，欢迎中国学者来他的实验室学习。

1984 年 4 月，周立伟赴美国参加电子光学国际会议，并在会上宣读自己的最新论文《图像无旋转的电磁聚焦成像》和《宽电子束聚焦的光学》。这两篇论文受到了参会学者的称赞，楞茨（Frieder Lenz）教授在听了他的报告以后，还主动表示愿意帮助他修改英文稿，这令周立伟深受感动，后来两人成了好友。

与周立伟交好的美国科学家，还有宾夕法尼亚州立大学电气工程系资深教授杨振寰，他是美国光学信息处理领域的顶级专家，是光学专家、中国工程院院士庄松林教授的授业恩师。周立伟与杨振寰教授在

图7-4　1984年周立伟访问美国后带回的电脑

一次学术活动上相识，一见如故。他了解到杨振寰不仅学术造诣高，还有很大的人格魅力，为人仗义，古道热肠。据周立伟了解，杨教授退休前一共指导了49名博士生，其中37名是中国留学生，他特别关照来自中国的学生。因为地域的间隔，周立伟与杨振寰大多是通过信件交流，从学术到人生，他们无所不谈，从关于"薛定谔之猫"这个量子力学的根本问题谈到了指导研究生的经验。在杨振寰的启发下，周立伟写了文章《什么样的聪明最可贵》，发表在《中国科学报》和《北京理工大学校报》上。周立伟还协助杨振寰教授出版著作《熵与信息光学》与《神经网络与教育》，将他的理论引进国内。

此外，周立伟与俄罗斯光学界来往较多。青年时代曾在苏联留学的周立伟有着浓厚的俄罗斯情结，尤其是在中苏关系解冻后，他又多次重回留学故地，除了交流学术之外，他还通过多方努力，促成俄罗斯科研院所与北京理工大学及其他国内科研院所开展科研合作。

1986年秋，苏联古比雪夫航空学院（现俄罗斯国立萨马拉航天大学）绍林（Shorin）校长来北京访问，学校安排

图7-5　周立伟（左一）、吕素芹与杨震寰、查露茜合影

图 7-6　1990 年 10 月 19 日周立伟（左二）与列宁格勒电工学院阿列克赛也夫校长等合影

周立伟负责相关接待事宜。绍林校长听说周立伟曾在苏联留学，便亲切地询问周立伟在苏联的老师和同学，二人相谈甚欢，相约在苏联再见。通过后来与绍林校长的联系，周立伟逐渐与古比雪夫航空学院和列宁格勒电工学院（现国立圣彼得堡电工大学）联系上了，这也直接促成后来北京理工大学与俄罗斯高校之间的学术交流。

图 7-7　1990 年 6 月周立伟（中）和苗瑞生参观苏联古比雪夫航空学院实验室

周立伟再一次踏上苏联的土地是在 1990 年秋，那时苏联尚未解体，他重回故地，访问了列宁格勒苏联科学院约飞技术物理研究所。约飞技术物理研究所是由世界上第一个诺贝尔物理学将获得者伦琴的弟子——阿勃拉姆·费奥

德罗维奇·约飞教授于
1918 年创立，被认为是
俄罗斯现代物理学的摇
篮。研究所非常重视基
础研究人才的培养，不
少研究人员在圣彼得堡
的高等学校内担任教职。
在这里，周立伟与雅瓦
尔教授和勃拉诺娃博士
进行了学术交流。列宁
格勒是周立伟始终怀念
着的地方，他想念青年
时代心无旁骛在科学的
殿堂中学习的情景。一
别二十多年，他敬爱的
茹里叶教授已经去世，
但一些朋友如贝科夫教
授还留在这里。

图 7-8　周立伟（右二）和贝科夫（右三）等专家合影

图 7-9　周立伟（左）和萨马拉航天大学校长合影

　　通过这次访问，周
立伟重新建立起与俄罗
斯学者的联系。1990—1996 年，他四次访问俄罗斯，目睹了苏联解体时后
物价飞涨。1996 年秋，周立伟在与约飞技术物理研究所的学者们的交流中
得知，由于俄罗斯经济崩溃，一些学校和科研机构发不出工资，由于经费
不足，研究所的副所长甚至不能请远道而来的中国科学家代表团吃一顿简
单的午餐，对此他感到十分抱歉，他感慨地说："俄罗斯就像一列火车，在
黑暗的隧道中飞奔前行，至今还没有看到前方的一丝光亮；还不知道何时
能到达彼岸，见到光明。"

　　约飞技术物理研究所的人才培养模式对周立伟有很大启发。研究所每
年计划招收 100 名优秀高中生，按照成为科学家的模式进行培养，授课教

师都是研究所的高级专家，直到他们获得科学副博士或科学博士学位，通常耗时十几年，这期间的一切费用全免。研究所把很大的精力放在培养储备人才上，这些学生未来将成长为研究所的学术骨干。

周立伟也邀请俄罗斯学者来中国，访问北京理工大学和国内的其他科研机构，还邀请俄罗斯朋友来自己家中做客，他们不仅是学术上的同行，也是生活中的朋友。周立伟利用自己的优势，大力牵线，促成了北京理工大学以及国内光学机构与俄罗斯方面多次开展合作。例如，1999 年和 2003 年，他与俄罗斯科学院普通物理研究所谢列夫教授开展了有关飞秒电子光学的研究，该课题始于 20 世纪 60 年代，当时的苏联科学家已经开始研究记录快速事件的时间分析像管（条纹管），取得了很好的成果，在国际上很有名气。20 世纪 80 年代初，谢列夫和莫纳斯忒尔斯基提出用 τ 变分理论研究条纹管等成像器件的动态电子光学，他们提出了一套计算时间像差系数的表示式，并用这一套理论来指导研究。但这两位科学家对自己所提出的 τ 变分理论的可靠性和正确性存有怀疑，因为这一理论仅用了一个简单的模型进行了检验，并没有经过复杂系统的考验，所以希望周立伟能在理论上帮助他们解决这一问题。周立伟经过两年的研究，提出了"直接积分法计算时间像差的理论"，很好地解决了俄罗斯科学院普通物理研究所的难题，也令自己在理论上更进了一步。2007 年 1 月，周立伟访问深圳大学光电子研究所，介绍他在动态电子光学的研究成果，与会专家们一致认为这是对高速摄影光子学理论的重大贡献。

鉴于周立伟在电子光学方面取得的学术成就和国际影响力，以及在中俄光电子学合作中的突出贡献，1992 年他当选为俄罗斯圣彼得堡工程院外籍院士，1997

图 7-10　1990 年 3 月 18 日周立伟（右三）邀请苏联朋友到家中做客

年被授予俄罗斯萨马拉国立
航天大学名誉博士称号，2000
年当选为俄罗斯工程院外籍
院士。

由于在国内外电子光学与
光电子成像学术界享有很高的
声誉，周立伟多次受邀到国外
讲学、作学术报告、主持重要
学术会议等，他还曾担任中

图 7-11　俄罗斯萨马拉国立航天大学授予周立伟
（左二）名誉博士称号

俄国际学术讨论会主席、光电子成像与探测国际会议主席和亚洲光子学
国际会议的国内委员会主席，被美国国际光学工程学会（SPIE）聘为论
文集主编和分会主席，被美国国际科学基金会（ISF）聘为电子光学学科
评委。

图 7-12　国外报纸对周立伟出席 SPIE 会议的报道

图 7-13　2006 年周立伟代表北京理工大学祝贺圣彼得堡电工大学创立 120 周年

时至今日，我国光学与光子学学科已跻身国际前列学术水平，多项国际学术会议在我国召开，国际合作频繁，中国光学学会与中国光学工程学会成为世界闻名的光学团体。这些背后是许多和周立伟一样的我国光学科研人员的努力。

2006 年 6 月，周立伟应俄罗斯科学院普通物理研究所所长谢尔巴科夫通讯院士、圣彼得堡国立电工大学校长普让科夫教授以及萨马拉国立航天大学校长索菲尔通讯院士的邀请，再次到访俄罗斯，参观了圣彼得堡、萨马拉、莫斯科的实验室。访问过程中，他极力促成中俄两国科学界在光学与光电子学领域内的进一步交流。例如，在萨马拉访问期间，周立伟就促成了俄罗斯科学院图像处理研究所的专家们于 2007 年 4 月前来中国西安举行一个研究班讨论会，进行计算机光学的学术交流与讲学。

山高水长忆前辈

周立伟在学术道路上，曾受到过许多学高德范的前辈指点。马士修教授自不必说，他是北京工业学院光学工程学科的创始人，不但引领了周立伟学术上的方向，也影响了他作为一名教师的行为规范。此外，还有北京大学的西门纪业教授，他是我国电子光学界的第一代专家，师从苏联电子光学专家谢曼教授；周立伟也曾受过谢曼教授的启发，周立伟早就接触过谢曼的理论和著作，谢曼也对周立伟的学位论文给予了高度评价。

在总结自己 60 余年来走过的科学之路时，周立伟说：

就我个人来说，我是属于中等智质的人，没有过人的天赋和特别聪明的地方，能力也不是特别强。但我自认为是一个勤奋努力、在科学探索上孜孜不倦、永不放弃的人。在科学研究方面，我给自己树立的目标是高的——要闯出一条路子来，做出国际先进水平的成果来。当我认定了这条道路，不管多少困难，哪怕经过10年、20年，最终我一定要解决它，这个信念我从来没有动摇过。也许是因为这一点，我才能有今天一点微小的成就。我深深怀念我的合作伙伴——已故的方二伦高级工程师，我衷心感谢我的研究生们，校院领导的支持、老师和前辈的教育和栽培，我国电子学界和光学界两位前辈孟昭英院士、王大珩院士，苏联功勋科学家茹里叶教授，俄罗斯科学院普罗霍洛夫院士、索菲尔院士等对我的关爱和帮助。

回忆起孟昭英和王大珩两位院士，周立伟深深感慨：先生之风，山高水长，高山仰止，心向往之！

孟昭英（1906—1995），河北乐亭人，电子学家、物理学家，中国科学院院士，清华大学现代应用物理系教授，长期

图7-14　周立伟（右）和孟昭英院士

从事电磁波谱研究。1928年毕业于燕京大学，1933—1936年就读于美国加州理工学院，获哲学博士学位。孟昭英曾在麻省理工学院辐射实验室工作，发明了"微波双工器"气体开关，解决了雷达天线"一物二用"[①]的难题。尽管美国的一些企业和高校争相聘请孟昭英留美工作，但他毅然

---

① 雷达天线身兼二任，既要把磁控管产生的微波作为雷达搜索的载波发射出去，又要接收来自飞机、军舰等目标对载波产生反射的回波。

回国。他在清华大学物理系建立了世界一流的电子学实验室，创建了国内第一个无线电电子系，还参与了 1956—1967 年全国科学技术发展远景规划中电子学部分草案的制定。孟昭英被称为"微波先驱"，他的学术贡献诸多：开拓了电磁波谱，研制出当时振荡波长最短的微波电子管；进行三极管射频放大器线性调幅的研究；运用新型方式精确测量微波波导中的阻抗。孟昭英不仅是一位科学家，还是一位教育家。他执教半个多世纪，是中国电子学教育的开创人之一。他把科研与教学结合，把理论与实验结合，把教书与育人结合，为祖国培养了一大批高水平的电子学人才和物理学人才

1980 年秋，中国科学技术协会代表团访问美国，孟昭英任代表团副团长，周立伟是代表团成员，两人就此结识。从那时起，他与孟昭英结下了 15 年不解的"师生缘分"——周立伟视孟先生为人生导师，"他的一生就像一本教科书，每一件事都在教育我，使我感动"[1]。这次访问，孟昭英对国家的热爱、对年轻人的提携令周立伟印象深刻。访问期间，曾有人诘难孟昭英，说中国的政策老在变，今天说改革开放，明天就变了。孟昭英坚定地回答：中国的改革开放政策不会变，也不可能变；中国已经接受了过去的教训，认识到改革开放是使国家富强的唯一道路！孟昭英后来对周立伟说，这也是他的心里话，他对国家的未来发展充满了信心。当时，中国刚实行改革开放没两年，许多人没有信心，但孟昭英的话语充满了力量，鼓舞了大家，大家都很佩服他的远见卓识。

访美期间，得知周立伟的专业是电子光学，孟昭英为国家的科学事业后继有人而高兴，要他作为中国物理学界的青年代表一同参观，还郑重地把周立伟介绍给了一些世界著名的科学家，如吴健雄、杨振宁、查尔斯·汤斯，使周立伟有机会与世界顶尖的科学家交流。周立伟受宠若惊，他觉得孟老对年轻人毫不藏私，把自己的知识和资源大方分享，想办法把年轻人推到世界科学的舞台上来。

这次访美归来，周立伟与孟昭英建立起联系，时常来往。周立伟景仰

---

[1] 周立伟：高山仰止，心向往之——在清华大学纪念孟昭英院士百年华诞的讲话。见：周立伟著，《藏绿斋札记：感悟人文》。北京：北京理工大学出版社，2016 年，第 144 页。

孟老无私的人格和高超的学术水平，他常常去探望孟老，请教学术上和人生中遇到的问题。孟老希望周立伟这一代人在科学道路上走得更远，他全心全意关怀晚辈，尽自己所能，为周立伟解惑。他常对周立伟说青年一代要有志向，不要计较个人得失，不要图个人名利，要为民族大义尽到点点滴滴的努力。他还说，对待学问要保持谦虚谨慎，要严肃踏实工作，在科学研究中走出自己的路来。

在周立伟学术生涯的许多关键时刻，孟昭英都给予了关怀和指点，周立伟至今难以忘怀。1982 年，北京工业学院校领导要周立伟带头申报军用光学博士点。周立伟那时只是个副教授，加上第一次经手这类工作，自认为资质尚浅难以承担。一次与孟昭英的会面中，周立伟谈起了自己心中的顾虑，孟老听后严肃批评道："这不是你个人的事，是关系学校和院系的大事，你怎么能退缩呢？"孟老鼓励他尽管去申报，还指点他需要注意的事项，最后告诉他，一定要尽力试一试，成了是一件有利于学校和院系长远发展的好事，如果不成也积累了经验，从而找到不足之处，为以后再次申报打下基础。经过这一番谈话，周立伟有了信心，着手开始了一系列后续工作。1983 年，学校的军用光学博士点申报通过，周立伟也被批准成为博士生导师，当时他还是副教授职称。也是在 1983 年，孟老给周立伟写了一封信，信中说自己最近参加了北京市教育局组织的教授职称评审，通过评审他人的材料，他感到周立伟的学术水平已经够了，可以准备申报教授职称。这封信鼓励了周立伟，他听从孟老的话，打算试一试。他一路过关斩将，收获了一系列荣誉和称号：1984 年，他被国家人事部和国家科委授予"国家级有突出贡献的中青年专家"称号；同年 8 月，他被国家教委特批为教授。1987 年，周立伟领衔的军用光学还被评为国家重点学科，得到了世界银行的支持，并在北京理工大学光电工程系建立了颜色科学与工程国家专项实验室。

1993 年，周立伟的著作《宽束电子光学》即将付梓，他带着写好的书稿请孟老把关，孟老通读全文后大加赞赏，写下了一篇热情洋溢的序言，对周立伟的理论做了很高的评价：

北京理工大学周立伟教授20余年来潜心研究这一课题……他把20余年来的研究成果汇集成现在的《宽束电子光学》一书，这可以说是他从事电子光学教学和科学研究的结晶。

……

周教授这一本专著的特点在于：有它自己的完整的独特的理论体系，在继承前人的基础上又有创造性的发展；以张量分析的角度阐述电子束普遍聚焦的基本原理，理论上有高度概括性，且从一般到特殊，特殊到一般逐步深化；对于宽束电子光学系统的正逆设计以及系统分析亦作了深入的探讨，理论与实际联系紧密。

……

我认为此书的出版是电子光学界的一件可喜可贺之事，我深信它将对从事电子光学、电子物理、光电子成像器件的高年级大学生、研究生、工程科技人员与大学教师有所裨益。[1]

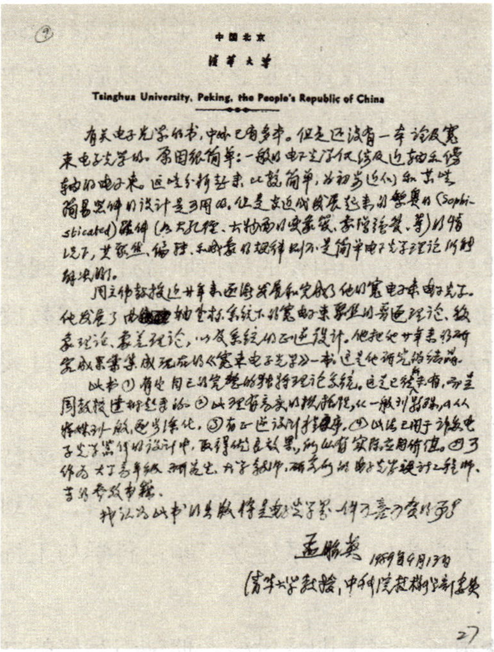

图 7-15　孟昭英对周立伟有关宽束电子光学的评价意见

孟昭英为周立伟取得的科研成果感到由衷的高兴，还向自己周围的学者们推荐这部专著。

20 世纪 80 年代，孟昭英作为中国科学院学部委员，曾主持过周立伟的研究生的学位论文答辩会，并应邀参加周立伟组织全国光电技术学术讨论会并作报告。此外，孟昭英多次参加北京理工大学关于光学

———————————

[1]　周立伟：《宽束电子光学》。北京：北京理工大学出版社，1993 年，序言。

和电子学科建设的论证会和评议会，为学校的光学学科发展提出过很多宝贵的建议，作了很大的贡献，被北京理工大学聘为名誉教授。

孟昭英不仅关注周立伟的学术成长，还关心着他的日常生活。1987年，周立伟还是一名清贫的大学教师，家里没什么储蓄，女儿周莉将要赴美国攻读博士学位之际，周立伟夫妇居然凑不出购买机票的钱。孟昭英听说，立刻送来100美元，解决了周家的燃眉之急，这件事周立伟一直铭记在心。

1995年2月25日凌晨3时，沉睡中的周立伟被一阵急促的电话铃声吵醒，原来是孟昭英的夫人贺苇女士打来的，电话那头传来师母的哽咽：孟昭英老师已经于当日凌晨2时仙逝……周立伟的第一反应这不是真的，因为一周以前他还曾去探望过孟老，谁知这竟然是他与孟老的最后一次会面。且就在前几天，孟老还敦促周立伟申报院士，并表示自己愿意做推荐人……泪水模糊住了周立伟的双眼，往事一幕幕浮现。

周立伟牢记孟老临终前的嘱托。1999年11月，周立伟得知自己当选为中国工程院院士，他立刻去了北京金山陵园，向孟老的墓地献上一束花，将这个消息告诉孟老。

斯人已逝，周立伟永远记得自己与孟昭英相交、相处的一幕幕，他总结说："孟老身上有伟大的人格魅力，有激励人们前进的高尚品德和精神。第一，他有强烈的爱国情怀，心中记挂着国家和人民，记挂着国家的科技教育事业，盼望着祖国的复兴和富强。第二，他有一身正气和硬骨头精神，在20世纪50年代的特殊政治环境下，他敢于坚持真理，抵制苏联专家的不恰当观点，从而创建了清华大学的第一个无线电电子学系。第三，他为人坚强，不惧与命运抗争，即使受到了不公平待遇，他依然没有丧失信念，真诚待人，认真做事。第四，他关爱青年学子，具有无私的情怀，他甘为人梯，总是帮助和提携后辈。第五，他严谨治学，谦虚谨慎，作为一名科学家，他把声誉建立在自己的科学研究上，用心血做学问，不为虚名所累。第六，他有高尚的品德和宽广的胸怀，他活得真实、纯粹。"

对周立伟影响深刻的另一位学界前辈，是我国应用光学专家、"两弹一星"元勋、中国科学院院士、中国工程院院士王大珩。

王大珩（1915—2011），江苏吴县人，出生于日本东京。王大珩1936

图 7-16　周立伟（左）和王大珩合影

年毕业于清华大学物理系，1938 年赴英国留学，先后就读于帝国理工学院和谢菲尔德大学。1942 年，王大珩放弃即将到手的博士学位，前往昌司玻璃公司实验部，成为一名光学玻璃实验师，研习光学玻璃的制造技术。1948 年，王大珩回到祖国，先后任职于北平研究院物理研究所和耀华玻璃厂。1949 年，他参与创办了大连工学院（现大连理工大学）应用物理系。新中国成立以后，王大珩致力于中国科学院仪器馆的创建，他是长春光机所的创建人、中国光学事业的奠基人，被誉为"中国光学之父"。王大珩不仅是一位应用光学家，还是一名战略科学家，他为国家建言献策，一系列重大科技决策中都有他的身影。

20 世纪 90 年代，周立伟与王大珩结识，在十余年的来往中，周立伟感受到这位这位光学前辈的科学精神。王大珩为人十分和善，2002 年，王大珩受邀参加中科院光电技术研究所在成都举办的先进光学制造国际会议，但他的身体不好，不便远行。正好周立伟来探望，王大珩便请周立伟代他前往。但成都的会议时间与周立伟要参加并主持的、由北京市青少年活动中心举办的一次暑期科普活动冲突，周立伟有些为难。王大珩便对他说：你去参加外地的会，我去出席你的会。于是，王大珩兴致勃勃地出席了青少年暑期科普活动，还对现场的青少年作了热情洋溢的讲话，参加会议的人都深受感动和鼓舞。

21 世纪初，周立伟在中国光学学会任职期间，因为工作中与他人产生矛盾，他感到自尊心受到极大的伤害，坚决提出辞职，并拒绝参加学会的活动。周立伟并没有把自己受到的委屈告诉王大珩，但很快王大珩就从别人口中知道了这件事，王大珩没有直接劝说周立伟，而是托秘书送给他八个字"一人向隅，举座不欢"，并亲切表达了希望周立伟回到学会参加工作的意愿。王老的一片真心令周立伟感到十分惭愧，自责自己意气用事，于是他重整心情，如期出席了第二天中国光学学会理事会会议。这次会议，王大珩特意坐着轮椅来参会，他与周立伟亲切地握手，为周立伟打开心结而感到高兴。

王大珩待人亲和，与他的交往令周立伟如沐春风。周立伟更佩服的，是王大珩的科学精神。

王大珩的科学精神可以概括为十六个字："实事求是、审时度势、传承创新、寻优勇进。"① 这十六个字，被他定义为科学精神的实质，多次在公开场合提及，并希望科学的精神能代代传承。为此，周立伟常常想起几件事。②

第一件事，王大珩曾对周立伟讲过孔子的一句话"知之为知之，不知为不知，是为知也"，王大珩告诉周立伟，这句话是有哲理，科学家应该做到，知道就是知道，不必故意谦逊说不知；不知道就是不知道，不能强不知以为知，假装自己知道，这才是聪明人的智慧。王大珩说孔子提出"知"与"不知"，是要人们对"知"抱有正确的态度，实事求是。人贵有自知之明，能知道自己的不足，努力学习，虚心求教，只有把"不知"当作求知的基础，便能够不断进步。这件事深刻体现了王大珩求知、求是的科学精神。王大珩将求知和求是总结为"五个 w"——what、why、when、where、who，也就是"何事""何故""何时""何地""何人"。这是他对"什么是科学"的简单概括。要回答"探求科学是为什么"的疑惑，他又加上了"何向""何为""何效"。③ 这八个"何"构成了一套知识体系，也解释了王大珩初因兴趣学习物理、光学知识，在英国做光学玻璃的研究是为了发展中国光学事业，晚年为国家建言献策是为了中国科学事业的全面发展的科学人生道理。

---

① 王大珩：漫谈科学精神（2003 年 11 月 28 日在"中国科学家人文论坛"主题报告会上的演讲报告）。见：宣明主编，《王大珩》。北京：科学出版社，2005 年，第 23—30 页。
② 周立伟：追忆大珩先生二三事。2015 年 2 月 1 日，未刊稿。资料存于采集工程数据库。
③ 同①。

　　第二件事，发生在周立伟为王大珩起草和修改文稿的过程中，他深感王大珩"为文为学严谨，一丝不苟"①。有一次，周立伟和卢国琛帮助王大珩整理一篇文章，第一次修改，王大珩逐字阅读，句句推敲，感到不是很满意；第二次修改，王大珩又产生了许多新想法，于是周立伟和卢国琛只好再做修改。就这样，一篇数千字的文章最后竟然修改了四次。周立伟和卢国琛最后开玩笑地说："我们这次改完再也不给您看了，否则交不了稿了。"类似的事情还有很多，交给王大珩审读的文稿都要修改很多次，几乎没有一次就能够通过的。王大珩十分严谨，无论是文章观点，还是用词造句，都要反复推敲，连标点都不允许出错。他的视力不好，因此常常要举着放大镜，凑近稿纸，一边逐字默读，一边认真修改。这样的情景令周立伟久久难忘。

　　第三件事，关于王大珩的为人处世。王大珩为人谦和，善于回旋，与他人交往的分寸感、原则性和灵活性都掌握得好。一次闲谈中，两人说起了李政道和杨振宁的争论，王大珩当时的感受是，科学合作有时候很难分清每个人的功劳大小，但科学家之间要讲究谦让和团结，这才是为学之道。这也是王大珩为人处世的态度。1997年，王大珩建议国家将光学工程设为工学类一级学科，当时负责学科审批的人对光学工程一知半解，一会儿把光学工程作为仪器科学与技术的二级学科，一会儿又把光学工程作为电子科学与技术的二级学科，对国家的学科建设造成了很大的混乱。王大珩对此非常气愤，说了几句很厉害的话。周立伟也深有同感，在起草文稿的时候他便把这几句话写进了稿子。王大珩看了之后说："我们还是要有理、有礼、有节，正面谈自己的观点，不说人家的不是。给点面子，争取他们同意我们的意见，这才是最主要的。"这给了周立伟很大的启发，让他知道在与人交往中，既要谦和待人又要坚持原则，才能使对方愿意接受自己的意见。

　　这三件事，是王大珩为人、为学的态度：首先要求知，求知要做到求是，在求知和求是的过程中既要一丝不苟，还要始终保持谦虚谨慎。这也

---

　　① 周立伟：追忆大珩先生二三事。2015年2月1日，未刊稿。资料存于采集工程数据库。

是他从事科学工作七十余年始终保持的科学态度，体现了他的科学精神。他的言行不但感染了周立伟，也激励了光学事业的后辈和科学研究者们奋进向前。

2011 年，王大珩因病去世，周立伟得知噩耗时，人正在国外，他为这位敬爱的老师的离去感到惋惜和悲痛，他无法马上赶回送别王老，但立刻发去了唁电：

> 辞权威，辞泰斗，辞光学之父，天地只今留正气。
> 爱祖国，爱人民，爱光学事业，浩然千古有楷模。

周立伟常常回想起王大珩的故事，常说自己与王老相比，实在差得太远了；王老是光学界里一面高扬的旗帜，他从英国回来以后，就走上了科技界领导岗位；中国光学由于他的把舵领航，才有了如今光辉灿烂的成就。2015 年，在王大珩院士百年诞辰之际，想起了与王老交往的一幕幕，周立伟写下了《大珩百岁光永恒》一文，赞颂这位"人间稀有的天才"。

山高水长忆前辈，与学界前辈交往的点滴，周立伟毕生难忘。前辈们高尚的品德，科学的精神，正是周立伟欣赏的、学习的、追求的。

第八章
科研攻关　奋力跋涉

从静电聚焦到电磁聚焦

20世纪60年代，周立伟在苏联研究的是静电聚焦的成像电子光学，早期他主要思考两个问题。

第一，傍轴电子光学理论和方法不能用来解决成像电子光学的问题。近轴电子光学理论只能解决理想成像，而且只适合解决邻近对称轴区域的电子光学问题。成像电子光学要研究由阴极逸出的大物面宽电子束在系统中的行进轨迹及其成像规律和像差。以往研究中，轴外空间电位通常是以轴上电位分布的谢尔赤展开来表示，离实际情况相差甚远；特别是当阴极面是曲面时，以抽象的平直物面替代真实的弯曲物面，使电子初始轨迹的计算一开始便有误差，致使在像屏上的落点与实际落点有很大的偏离。现有的理论和手段在解决实际问题上尚有距离，需要探讨新的理论和方法。

第二，如何定义成像电子光学系统的横向像差。当时学术界普遍研究成像电子光学的三级（几何）像差，认为主要是它影响成像质量。但这个概念是由细束电子光学引申的推论，并未得到证实。谢曼虽然提出了所谓"中心像差"，但它与三级几何像差有何关联，并没有清晰的说明。成像电子光学是否只存在三级几何像差，有无其他类型的横向像差，并没有明确的结论。

在苏联时期，周立伟对这些问题进行了初步解答，反映在他的副博士学位论文中，是他对这一阶段研究工作的一次总结。在这个基础上，他开始了一个新的起点。回国以后，周立伟的研究由静电聚焦的成像电子光学转向电磁聚焦的成像电子光学。

早在 1936 年，德国科学家、诺贝尔奖获得者卢斯卡就研究过两电极同心球静电聚焦系统中电子运动的轨迹。1952 年，英国科学家解根也有所研究，但他们研究的重点是考虑电子在同心球内运动的轨迹。周立伟认为，关键不是求电子在同心球系统内的运动轨迹，而是求电子从阴极面轴上点逸出后通过同心球后重新与轴相交的着陆点，也就是轴上点轨迹的会聚点。虽然解根等前辈科学家也曾找到过轴上点轨迹的会聚点，但得到的仅是电子初速为零的轨迹解，也就是轨迹的零级近似。这对于研究系统的成像特性是远远不够的。周立伟认为，对电子光学成像系统的研究从何处切入，是解决问题的关键。如果能找到一个可以求得解析解的成像电子光学系统的理想模型，从它入手，把它的成像规律、精确解和近似解都研究透，便能对理想成像、像差等有一个正确理解和把握；由此出发，可指导一般成像电子光学系统理论的研究与设计。

周立伟想的是，这个理想模型具有特殊性和普遍性结合的特点，由特殊性入手，寻求普遍性的规律，再把具体的特殊现象的知识转化为普遍的抽象的知识，从而研究出普遍性的规律。周立伟最终选择两电极同心球静电聚焦系统作为研究的切入点，这是一个很好的理想模型。他认为，如果能找到两电极同心球静电和电磁聚焦系统模型的成像位置的精确解，并把它表达成类似级数的展开式，便不难解决理想成像等概念和定义电子光学像差的问题。正因为这一理想模型中矛盾的特殊性中包含了宽电子束成像矛盾的普遍性，它不但对于研究普遍性问题提供理论基础，而且可以检验所提出的新理论的正确性，对宽束电子光学的深入研究具有指导意义。他的研究思路是：先易后难，先研究静电聚焦系统，后解决电磁复合聚焦系统；先研究各种特殊类型的成像系统，后解决普遍的、一般的成像系统。

1978 年，周立伟在学校的内部刊物《工程光学》上发表了《两电极同心球系统的电子光学》一文，介绍关于同心球静电聚焦系统的研究：

> 按照辩证唯物主义观点，我们必须从本质上认识世界上不存在纯粹的普遍性，要使普遍性广泛得到承认，必须有特殊性来加以证实。因之，由静电阴极透镜的理想模型——两电极同心球系统出发，分析和探讨这类系统聚焦成像所包含的具体的矛盾，解剖它作为阴极透镜所具有的矛盾的特殊性，从中找出一些对于阴极透镜具有普遍意义和规律性的线索，这不但对于研究同心球型像管的电子光学提供理论基础；而且，由于理想模型成像的矛盾的特殊性中正包含静电阴极透镜宽电子束成像的矛盾的普遍性，故对于进一步研究轴对称阴极透镜也具有实际意义。

周立伟后来说，虽然这一段话多少有一些拔高自己那时的想法，但基本上也是自己的真实想法。他认为，如果能比较彻底解决同心球系统这一特殊性问题，那么他对于电子光学几个比较疑惑的问题也就清楚了，并为他研究普遍性问题奠定基础。

他的想法是：对于电磁聚焦同心球系统，如果我们能像研究静电聚焦同心球系统一样，求得其

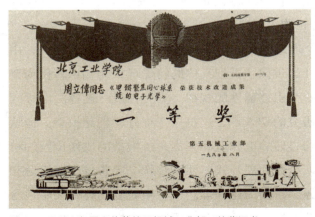

图 8-1　1980 年周立伟获第五机械工业部二等奖证书

轴上点逸出的电子轨迹的近轴解，便可由此轨迹找到与对称轴相交的交点，即成像落点精确表示式，那么问题就迎刃而解了。如果把近轴解表达成按幂次排列的级数展开式，便能寻找轴上点逸出的电子在什么样的条件下能理想成像的规律，即理想成像的表示式；随即，他定义"近轴条件"，也就是所有自物点逸出的电子在满足近轴条件下都能会聚于同一个成像点，这也就是要从精确解中抽象出来的解析解，让它满足"近轴条件"。后来，他在研究中发现，并无必要寻求轨迹十分精确解，只要求得具有足够精确度的近轴解，就可以了，由它也可以研究电子光学横向像差。为了解答这些疑惑，周立伟日思夜想，希望寻求电磁聚焦同心球系统电子轨迹的解析解。也许是日有所思，夜有所梦，1975 年 5 月的一个晚上，周立伟躺在床上思考这一问题，后来迷迷糊糊地睡着了。睡梦中的他忽然冒出一个思路。他马上醒来，急忙把想法记下来，而这正是他日思夜想的结果！

为研究成像电子光学理论，周立伟进行了无数摸索，不知走了多少弯路，用了多少稿纸，甚至有时怀疑自己"江郎才尽"了。他花了整整三个月的时间研究同心球系统的理想成像规律，以致后来在他的脑海中有时会出现解决问题的直觉和灵感。

1966 年，周立伟从苏联学成归国。那时的他踌躇满志，一心想把自己所学都用在祖国的科学建设上。然而，"文化大革命"的风暴席卷全国，击破了他的梦想。起初他比较乐观，然而，局势愈加混乱，1968 年他回到上海老家暂时躲避。在上海期间，他认真思考，检讨自己思想认识上的糊涂和幼稚，觉得再也不能这样浪费时间了。于是，他开始把自己的工作重心由苏联时期的静电聚焦扩展到电磁聚焦领域，研究同心球电磁聚焦系统的成像电子光学问题。1972 年，结束干校劳动的周立伟把在苏联的学位论文编写成《变像管与像增强器电子光学》作为教材。同年，周立伟参加了国内微光夜视技术的攻关会战，与方二伦、冯炽焘一起研究变像管和像增强器的电子光学系统计算与设计，取得可喜成果。

1977 年开始，周立伟将在苏联的研究成果进一步向前推进，研究领域从同心球静电聚焦系统转入电磁聚焦系统。后来，他和他的学生们在电磁聚焦同心球系统电子光学、移像系统电子光学、倾斜型系统电子光学、电磁复合聚焦阴极透镜的像差理论、阴极透镜的电子光学传递函数等多个方面取得了卓著的成就。在研究中，他采用张量分析的方法研究转动曲线坐标系下的电子运动，从而在更普遍的基础上建立了宽电子束聚焦与成像的较为完整的理论体系。十一届三中全会后，科学的春天来了，周立伟精神百倍，将全部精力投入到科研工作中。1978 年，他与方二伦、冯炽焘合作的项目“变像管电子光学系统设计程序”荣获全国科学大会奖。

1978 年，周立伟应邀参加由伦敦帝国理工学院召开的光电子成像器件国际学术会议和由兰克集团召开的电子成像国际会议，并在会上宣读了论文《同心球电磁聚焦系统的电子光学》，正式宣布自己的科研成果，他也是国内外首先提出研究电磁聚焦同心球系统的电子光学并得到科学结论的人，而那时国外得到的结果仅是周立伟研究的零级近似。该论文随后被收入《电子学与电子物理学的进展》第 52 卷。周立伟认为，尽管那时自己得到的电子轨迹的解析解是正确的，但是那是自己通过类比的方法“猜”出来的，他决心用严密的推导得到精确的解析解。后来，他果真做到了，其系列论文的英文版发表在 2019 年《光学学报》4 月号。

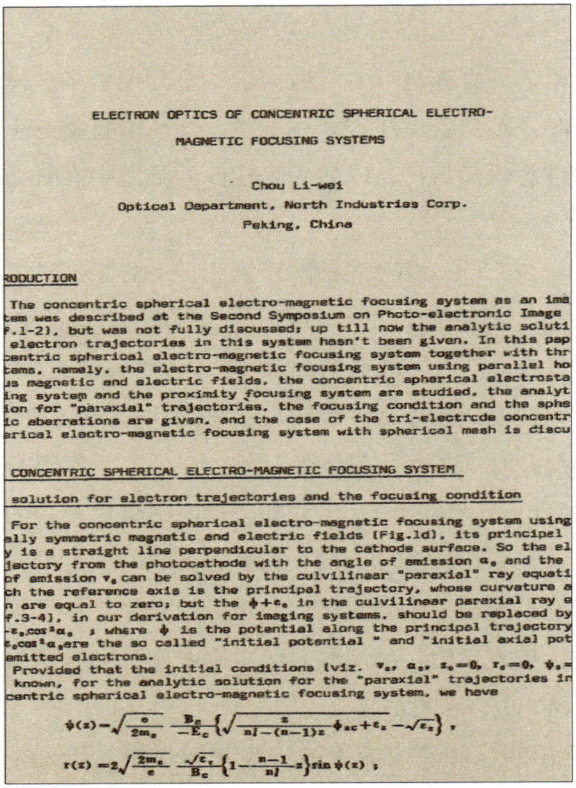

ELECTRON OPTICS OF CONCENTRIC SPHERICAL ELECTRO-
MAGNETIC FOCUSING SYSTEMS

Chou Li-wei
Optical Department, North Industries Corp.
Peking, China

RODUCTION

The concentric spherical electro-magnetic focusing system as an ima
tem was described at the Second Symposium on Photo-electronic Image
F.1-2], but was not fully discussed; up till now the analytic soluti
electron trajectories in this system hasn't been given. In this pap
centric spherical electro-magnetic focusing system together with thr
tems, namely, the electro-magnetic focusing system using parallel ho
us magnetic and electric fields, the concentric spherical electrosta
ing system and the proximity focusing system are studied. the analyt
ion for "paraxial" trajectories, the focusing condition and the sphe
ic aberrations are given, and the case of the tri-electrode concentr
erical electro-magnetic focusing system with spherical mesh is discu

CONCENTRIC SPHERICAL ELECTRO-MAGNETIC FOCUSING SYSTEM

solution for electron trajectories and the focusing condition

For the concentric spherical electro-magnetic focusing system using
ally symmetric magnetic and electric fields (Fig.1d), its principal
y is a straight line perpendicular to the cathode surface. So the el
jectory from the photocathode with the angle of emission α_0 and the
of emission v_0 can be solved by the culvilinear "paraxial" ray equati
ch the reference axis is the principal trajectory, whose curvature a
n are equal to zero; but the $\phi+\varepsilon_0$ in the culvilinear paraxial ray e
f.3-4], in our derivation for imaging systems, should be replaced by
$-\varepsilon_0\cos^2\alpha_0$; where ϕ is the potential along the principal trajectory
$\varepsilon_0\cos^2\alpha_0$ are the so called "initial potential" and "initial axial pot
emitted electrons.
Provided that the initial conditions (viz. v_0, α_0, $z_0=0$, $r_0=0$, $\phi_0=$
known, for the analytic solution for the "paraxial" trajectories in
centric spherical electro-magnetic focusing system, we have

$$\phi(z)=\sqrt{\frac{e}{2m_0}}\ \frac{B_c}{-E_c}\left\{\sqrt{\frac{z}{nl-(n-1)z}\phi_{ac}+\varepsilon_z}-\sqrt{\varepsilon_z}\right\},$$

$$r(z)=2\sqrt{\frac{2m_0}{e}}\ \frac{\sqrt{\varepsilon_r}}{B_c}\left\{1-\frac{n-1}{nl}z\right\}\sin\phi(z);$$

图 8-2　1978 年周立伟在英国国际会议上宣读的论文

宽束电子光学　自成理论体系

1978 年以来，周立伟与方二伦，以及研究生倪国强、艾克聪、潘顺臣、金伟其、张智诠、张翎、仇伯仓等，一起解决了静态宽束电子光学的一些特殊性和普遍性问题，如复合电磁聚焦同心球系统电子光学、移像系统电子光学、倾斜型系统电子光学、双曲场聚焦系统的电子光学、电磁复合聚焦阴极透镜的像差理论、阴极透镜的电子光学传递函数等。尤其是他和倪国强、方二伦提出用三维坐标对光电成像系统点扩散函数的调制传递函数的研究，在方法上具有重大创新。所有这些研究，在方法或理论上，都有独到之处和新的结论。在曲轴宽电子束聚焦普遍理论的研究中，他和倪国强、金伟其一起采用张量分析的方法研究转动曲线坐标系下的电子运动，从而在更普遍的基础上建立了宽电子束聚焦与成像的较为完整的理论体系。

宽束电子光学与细束电子光学是相对的概念。早年周立伟阅读过的格拉叟和谢曼的著作，都是在讨论细束电子光学，这一理论已经发展得很成熟了。但周立伟认为，细束电子光学理论并不能圆满解释变像管的宽电子束的成像，尤其是解释自阴极面射出，逸出角达 90° 电子束成像的现象。因此，深入探索宽束电子光学是十分必要的，这也是他研究夜视器件的电子光学需要考虑的理论问题。以宽束电子光学为指导，设计近代蓬勃发展的变像管、像增强器、电子照相管、高速摄影变像管等，要研究的是在静态和动态的电场和磁场作用下，大物面宽电子束聚焦、偏转和成像的问题，这不是已有的细束电子光学理论所能解决的问题。宽束电子光学学科是物理学和电子学中电子光学学科的一个分支。宽束电子光学在夜视技术、摄像技术、X 射线诊断技术、高速摄影变像管技术、天文学和空间物理学等领域有广泛的应用。

20 世纪 90 年代以来，周立伟在宽束电子光学领域，主要是研究同心球系统的电子光学、复合电磁聚焦的电子光学、移像系统的电子光学、阴极透镜像差理论、电子光学点扩散函数和调制传递函数、曲轴大物面宽电子束聚焦普遍理论与像差理论，以及动态电子光学等方面的问题，他进行了一系列独创性的研究，作出了突出的贡献。

同心球电子光学的聚焦和像差理论等特殊性问题的解决，并不等于普遍性的问题也解决了。近轴电子光学理论已被证明，它在解决以对称轴为主轨迹的近轴轨迹的理想成像是有效的，并由此可以解决近轴像差问题。而对于大物面、宽电子束聚焦成像，这时，轴外主轨迹将是一条平面的或旋转的曲线，必须把"近轴"概念推广到远离对称轴区域。为此，周立伟提出了"曲近轴轨迹"的概念和"曲近轴光学"的聚焦理论。他认为，大物面、宽电子束聚焦成像问题必须用曲轴宽电子束聚焦成像及其像差理论来解决，而且，由于轨迹计算是采用电子行进途径中围绕主轨迹的电位分布进行的，这远比轴上电位分布的谢尔赤级数展开式来得精确。但大物面、曲轴宽电子束聚焦成像的理论涉及弗莱纳转动坐标系，必须采用微分几何和张量分析等数学方法解决。而且，从逻辑上说来，近轴电子光学应该是曲近轴电子光学的一个特例。

在研究宽束电子光学时，周立伟想到：既然阴极透镜有所谓中心像差，也有三级几何横向像差，谁起主要作用，它们之间是什么关系；如何定义横向像差和时间像差，它们之间有什么联系；如何求理想模型的精确解和解析解；阴极透镜三级像差的研究有各派理论，为什么有差异，谁更准确；像差表达式复杂，能否通过解析解检验像差公式的精度；几何光学、细束电子光学和宽束电子光学的异同点，处理方法有什么差异；近轴光学的处理能否解决轴外物点逸出电子行进轨迹的精度；大物面宽束电子光学系统的成像与设计问题，等等。

随着研究深入，他的想法渐渐多了起来，他一步步着手解决这些问题，并将解决的方法和形成的理论记录下来，整理成《宽束电子光学》一书，于 1993 年由北京理工大学出版社出版，标志着周立伟的宽束电子光学理论体系建立并逐步完善。

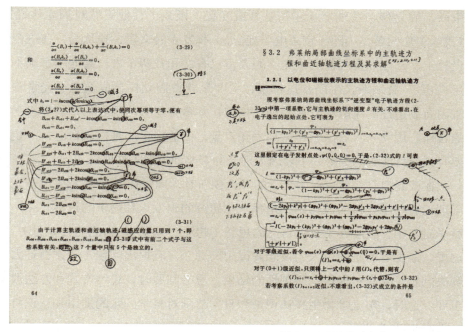

图 8-3　周立伟《宽束电子光学》手稿

　　《宽束电子光学》出版后，国内外电子光学和光电领域的专家均给予很高的评价，认为该书是一部具有科学性、创新性与系统性的著作，国外专家纷纷来函表示希望此书的翻译版能在该国出版。《宽束电子光学》荣获第八届中国图书奖、第七届全国优秀科技图书奖一等奖和第二届国家图书奖提名奖。

　　1995 秋，俄罗斯科学院普通物理研究所研究员、著名的电子光学专家莫纳斯忒尔斯基博士来华讲学，周立伟特意请来给学校的研究生们讲课，自己充当翻译。课程结

图 8-4　1993 年北京理工大学出版社出版的《宽束电子光学》

束后，周立伟与莫纳斯忒尔斯基共进晚餐，饭桌上，他突然对周立伟说："我读了您的著作（即《宽束电子光学》）和发表的文章，我认为，在这个世界上，真正懂得成像电子光学的人，只有您和我两个人。其他国家都不足道也。"莫纳斯忒尔斯基这样说，主要是欣赏周立伟在成像电子光学领域内有创造性的见解和已有的理论构架，并希望能够与周立伟开展学术上的合作。周立伟听后虽然觉得高兴和自豪，但他更多的是告诫自己，一定要时刻保持清醒的头脑，不要因为别人的夸奖而得意不知所以了。

在谈到自己在宽束电子光学的理论创新时，周立伟说："使宽束电子光学理论有一个完善的逻辑结构是我一生研究的出发点和追求的目标。……科学研究中，重要在于有否自己的思想（想法、创见）、自己的独立思考。这里，最主要的是能否大胆设想并提出问题。只有提出问题，千方百计去解决问题，才有可能得到原创性的结果。思考问题时，思维方式和方法很重要。这时，辩证唯物主义认识论和科学哲学对科学问题的提出和认识将会大有帮助。"[①]

无论如何，周立伟认为，研究中对科学方法的掌握是十分重要的，他总结：自己研究宽束电子光学的方法实际是遵循物理学大师常用的科学方法。探索和研究一种简单明了的模型，通过所选取的模型分析弄清楚相应的物理现象的特点，看它是否能够相符地描述所研究的物理现象的基本特征，并揭示其中蕴涵的主要规律（研究特殊性，普遍性寓于特殊性之中）。然后将这一模型作为出发点，并进行演示，对所勾勒、所推进的理论进行详细的包括数学推演的研究，构筑新理论的框架（模型推演）。研究时从简单明了的模型演进出一套完备的理论，由简单的情形推演到复杂的情形，然后由特殊的理论过渡到构筑普遍的理论，使之成为一套成熟完备的理论（由特殊性演进到普遍性）。"牛顿以来的物理学家都是这种由特殊到普遍的研究风格。当然这并不是科学研究唯一遵循的途径，但我认为自己的研究就是这样做的。"[②]

---

① 周立伟：我是怎样创立宽束电子光学科学学派体系的。未刊稿。

② 同①。

学术成就　享誉海外

20 世纪 70 年代，周立伟把自己的大部分精力投入电磁聚焦同心球系统的电子光学的研究上，得到了一些新的成果——周立伟是国内外首先提出研究电磁聚焦同心球系统成像电子光学并得到科学结论的人，也奠定了他在国际成像电子光学学术界的地位，在 21 世纪初，他被国外科学界认为是创立了自己的科学学派。

依周立伟看来，直到 20 世纪 70 年代末，在研究成像电子光学时，苏联科学家才抛弃了以往的细束电子光学以三级几何横向像差为主导的理论，因为这解决不了宽束电子光学遇到的科学问题。苏联科学家们也意识到，不能再走以前的老路了。但问题是，如何求解宽束电子光学近轴方程——二阶齐次线性微分方程。因为在这套微分方程中，含有一个极其微小的轴向初速度参量，其求解十分困难。为了方便起见，他们在研究中简化了这套方程，省略了看上去极其微小又极其重要的轴向初速度参量，但这导致

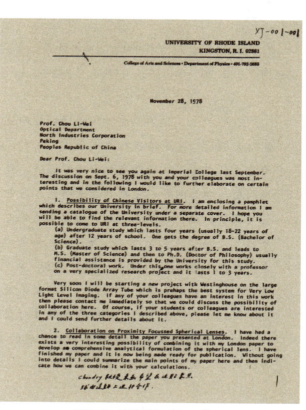

图 8-5　外国学者写给周立伟有关科研合作的信

了他们的研究具有天然的缺陷。周立伟的研究，正是考虑这个极其微小的轴向初速度参量对于成像质量的影响，这恰恰填补了苏联科学家研究中的不足。周立伟认为，在计算成像电子光学系统时，应把像面位置设置在最佳像面位置处，从而得到系统的最佳计算结果，他带领团队将此理论应用于设计相关的微光管电子光学软件包。

20 世纪 90 年代，周立伟与俄罗斯科学院普通物理研究所的学术交流多了起来。在交流过程中，对周立伟团队与俄罗斯科学院普通物理研究所两家的像增强器软件包进行计算比对，结果表明，其主要参数（如放大率、畸变）非常接近，像面位置也只有 3% 的误差，普通物理研究所的计算离阴极面略近一些，周立伟的远一些。那是因为俄罗斯科学家取的是极限像面位置，而周立伟取的是最佳像面位置。这个结果说明，虽然在计算方法和处理手段各异，但结果非常接近，且符合实际，双方都为计算结果叫好。

21 世纪以来，周立伟的研究深入动态电子光学领域。回忆这段历程，他在自己于 2020 年撰写的"自传"中提到其中的缘起：

> 21 世纪初，俄罗斯科学院普通物理研究所光电子成像器件研究室谢列夫教授研究邀请我与他们合作时，我又把静态成像电子光学的理论推广到成像系统的动态电子光学领域。我认为，成像电子光学的静态问题与动态问题不应割裂开来研究。当电子自阴极面逸出时，它飞行的轨迹就是 $(x, y, z; t)$，所携带的就是空间与时间信息。它到达像面 z_i 处的空时坐标为 $(x_i, y_i; t_i)$，如果以它作为计算标准的话，那么，其他电子到达该像面的空时坐标 $(x_m, y_m; t_m)$ 与它的差异，就是空间像差和时间像差。它们之间的联系是必然的。实际，宽束电子光学所谓静态或动态乃是同一事物的在时空上的不同表现而已，即逸出初能量分散的光电子在系统中所表现的空间特性和时间特性的差异，它们之间具有紧密联系是必然的。

关于动态电子光学的时间像差理论，20 世纪 80 年代初，苏联科学院普通物理研究所提出 τ 变分时间像差理论，二十余年来，没有人提出疑问，但也未能证实理论之无误。21世纪初，他们便找周立伟进行科学合作，希望周立伟设法证明他们的理论的正误，以及其精确性到底如何。

当周立伟着手研究时间像差理论时，他的脑海中思考两个问题：一是 τ 变分时间像差理论的正确性，有无其他更为简捷的途径研究时间像差理论；二是 τ 变分理论所求得的时间像差系数的准确性和精确性。但这两个问题（即理论的正确性和解决问题准确性）一直没有被探讨或怀疑过，只被简单系统证实过。他思考的第一个问题是试图考验 τ 变分理论，否定或证实，或寻找一个更好的理论；第二个问题是考验这个理论的可信程度及其适用性。归根结底，周立伟希望能否找到更简便的方法以及更合适的模型来进行检验和比较。

我的研究直接由劳伦茨力和电子运动方程出发，这样绕过了俄

图8-6　周立伟（右一）与俄罗斯科学院普通物理研究所谢列夫教授（左一）等交谈

罗斯科学家采用的复杂 τ 变分的变换，其研究结果是提出了一种名为"直接积分法时间像差理论"。这一理论提出了一种新的时间像差定义，即时间像差应由近轴时间像差和几何时间像差两部分所组成，和横向像差的定义一样。

周立伟的研究结果得到的结论是：

总的时间像差可以定义为

时间像差 = 近轴时间像差 + 几何时间像差

而　近轴时间像差 = 一级近轴时间像差 + 二级近轴时间像差 + …

几何时间像差 = 二级几何横向像差 + …

即　时间像差 = 一级近轴时间像差 + 二级近轴时间像差 + 二级

几何横向像差 + …

　　周立伟的研究表明，时间像差系数的求解可以直接用积分形式表示，并不需要如 τ 变分理论求解微分方程。他认为这两种理论孰是孰非并没有解决，必须寻找一种途径进行严格的检验。他用两电极静电聚焦同心球系统的理想模型，找到了电子在此系统中行进时间的解析解。检验结果表明，"这两种理论不但是正确的而且是精确的"[1]，但还是直接积分法时间像差理论更为简洁一些，物理概念十分清晰。这个结果令俄罗斯科学家是又服气又高兴。

　　由这一研究，周立伟建立了宽束电子光学学派较为完整的理论体系。这一体系与现有的体系的不同点是：用统一的观点来考察和研究宽束电子光学的成像和聚焦、空间像差和时间像差等问题。周立伟的理论严格证明了，无论是静态宽束电子光学还是动态宽束电子光学，空间像差是近轴横向像差和几何横向像差的合成，而时间像差是近轴时间像差和几

----

　　[1]　"正确"是指从两种不同的途径（变分途径和直接积分法途径）出发得到了完全一致的结果；而且，τ 变分理论中以微分形式表示的时间像差系数经过适当变换也可表达成直接积分的形式。"精确"是指两条途径的计算结果与理想模型的解析解是精确一致的。

何时间像差的合成。在谈到宽束电子光学的理论创新时，周立伟说："使宽束电子光学理论有一个完善的逻辑结构是我一生研究的出发点和追求的目标。"

因为周立伟有探索性的成就，以及他与俄罗斯科学院的友好往来，他以桥梁作用沟通了两国光电子学界，促进了两国科学家友好、有益的交流。2000年10月，俄罗斯工程院选举周立伟为外籍院士，表彰他在电子光学科学中的重要贡献。俄罗斯工程院主席团给周立伟发来贺电，祝贺他当选。这封贺电表露了高傲的俄罗斯科学界对周立伟的高度赞赏和评价。俄罗斯工程院院长、俄罗斯科学院院士、诺贝尔奖获得者普罗霍洛夫在贺电中赞美周立伟"创立了自己的科学学派"：

亲爱的周立伟教授：

我们谨代表俄罗斯工程院主席团，十分愉快地通知您，您被选为俄罗斯工程院外籍院士。

我们知道您是一位在带电粒子光学及其相关应用领域的杰出科学家、举世闻名的专家，以及在科学领域有众多专著和学术论文的作者。

我们总是记得您是从列宁格勒乌里扬诺夫（列宁）电工学院开始您的科学活动的，您在您的一生中一直保持对我们国家始终不渝的爱和尊敬。当您回到您的祖国后，您把您的一兰紧密地和北京理工大学联系在一起，在那里您经历了漫长和光荣的历程，从一个普通的讲师到一位公认的专家、正教授、学术委员会主任、中国工程院院士。

您创立了您自己的科学学派！从北京理工大学毕业的、您的许多有天才的青年人怀着崇敬和自豪的心情称呼您为老师。由于您的卓越成就，您曾被多次授予国家的嘉奖、奖励和荣誉称号。您无疑是科学的忠实仆人，贵国出类拔萃的儿子。

在您的全部生涯中，您一直研究电子束的运动规律；与电子束中的电子相似，您本人也在不停地运动着。看来很难想象在中国的一些有意义的科学事件没有您的参与。

您的热情而充沛的精力、永远奋发的乐观和待人厚道使您和周围的人总是愉快和欢乐，它甚至使每个认识和接近您的人感到惊奇。

在这值得纪念的日子里，请接受我们最热烈的祝贺，衷心祝愿您身体健康，工作卓有成效和在科学领域中取得新的巨大的成就。

你忠实的

Alexander M. Prokhorov（签字）
亚历山大　M.　普罗霍洛夫院士
诺贝尔奖获得者
俄罗斯工程院院长
普通物理研究所名誉所长

Ivan A. Shcherbakov（签字）
依万　A.　夏切尔巴科夫
俄罗斯科学院通讯院士
俄罗斯工程院主任科学秘书
普通物理研究所所长

2000 年 9 月

周立伟读完这封贺信，又高兴又激动，他为国外学者认同中国人取得的科学成就感到骄傲。这样的赞誉，不仅是普罗霍洛夫院士和俄罗斯科学

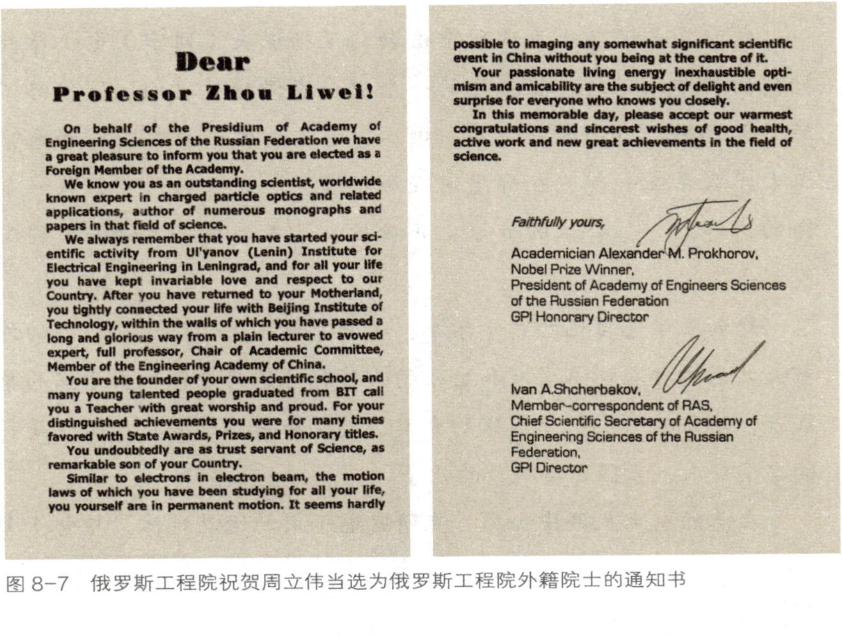

Dear

Professor Zhou Liwei!

On behalf of the Presidium of Academy of Engineering Sciences of the Russian Federation we have a great pleasure to inform you that you are elected as a Foreign Member of the Academy.

We know you as an outstanding scientist, worldwide known expert in charged particle optics and related applications, author of numerous monographs and papers in that field of science.

We always remember that you have started your scientific activity from Ul'yanov (Lenin) Institute for Electrical Engineering in Leningrad, and for all your life you have kept invariable love and respect to our Country. After you have returned to your Motherland, you tightly connected your life with Beijing Institute of Technology, within the walls of which you have passed a long and glorious way from a plain lecturer to avowed expert, full professor, Chair of Academic Committee, Member of the Engineering Academy of China.

You are the founder of your own scientific school, and many young talented people graduated from BIT call you a Teacher with great worship and proud. For your distinguished achievements you were for many times favored with State Awards, Prizes, and Honorary titles.

You undoubtedly are as trust servant of Science, as remarkable son of your Country.

Similar to electrons in electron beam, the motion laws of which you have been studying for all your life, you yourself are in permanent motion. It seems hardly possible to imaging any somewhat significant scientific event in China without you being at the centre of it.

Your passionate living energy inexhaustible optimism and amicability are the subject of delight and even surprise for everyone who knows you closely.

In this memorable day, please accept our warmest congratulations and sincerest wishes of good health, active work and new great achievements in the field of science.

Faithfully yours,

Academician Alexander M. Prokhorov,
Nobel Prize Winner,
President of Academy of Engineers Sciences of the Russian Federation
GPI Honorary Director

Ivan A.Shcherbakov,
Member-correspondent of RAS,
Chief Scientific Secretary of Academy of Engineering Sciences of the Russian Federation,
GPI Director

图 8-7　俄罗斯工程院祝贺周立伟当选为俄罗斯工程院外籍院士的通知书

界对周立伟个人的称赞和表彰，更是俄罗斯科学家对中国科学家们友好情谊的表达。周立伟珍藏着这封信，但他很少向外界展示，他笑着说："我十分害怕人家说我借洋人之口抬高自己。"

在创立宽束电子光学学派的道路上，周立伟信念坚定，他的所思所想时刻与国家的需求相结合。

第九章
愿将此生长报国

中国工程院院士是国家设立的工程技术
方面的最高学术称号,为终身荣誉。

The Member of the Chinese Academy of Engineering
is the nation's highest academic title for life honour in
the field of engineering and technological sciences

周 立 伟

一九九九年当选为中国工程院院士
Zhou Liwei was duly elected a member of the CAE in 1999

中国工程院
Chinese Academy of Engineering

No. 0473

图 9-1　周立伟当选为中国工程院院士证书

荣 誉 与 责 任

　　1995 年,周立伟开始参加院士评选。那时候,中国工程院初成立不久,学校领导想要推选他参评中国工程院院士;同时,孟昭英表示希望周立伟参评中国科学院院士,并且愿意做他的推荐人。在学校和孟老的双重鼓励下,这一年周立伟同时申报了中国科学院院士和中国工程院院士。中国工程院信息与电子工程学部遴选院士,因当年名额有限,他没有入选。在中国科学院技术科学学部选举院士时，周立伟进入了最后一轮，但最终没有入选。在这之前的 1995 年 5 月，孟老不幸逝世了，因此有人为周立伟感到惋惜，说："若孟老在，你多半是可以选上的。"周立伟听了只是一笑：比自己学术能力强、工作做得好的大有人在，院士应该能者居之，评院士这件事与自己和孟老的交情无关；虽然也有遗憾，但也意味着自己还有可以努力的地方。1999 年 11 月，周立伟当选为中国工程院院士。

在学校为他举办的庆祝会上，他做了一个简短的发言，表达了自己的志向："一个人如果把'付出'和'奉献'作为自己的人生坐标，以这样的心态来理解人生，无论面对多大的困难，也不会畏缩，也不会在荣誉面前沾沾自喜。""有一个正确的动力支持着自己的人生，将会使自己的聪明才智得到充分的发挥，作出更大的贡献来。"

2000 年 2 月 16 日，诺贝尔奖获得者、俄罗斯科学院院士普罗霍洛夫教授得知周立伟当选院士后，来函表示祝贺：

亲爱的周立伟教授：

在您当选为中国工程院院士之际，请接受我最衷心和最诚挚的祝贺。您在电子光学及其有关应用的举世共知的光辉成就，您的广泛和有效的教学和公共活动以及您作为中国杰出的科学家和伟大的爱国者的一生——所有这一切生动而有说服力确认您是无愧于这一崇高称号。

周立伟在科学的道路上跋涉了半个多世纪，取得了很多荣誉，但他始终迈着奋斗的步伐，保持着清醒的头脑，他知道，荣誉和责任是对等的。对光的信念，促

图 9-2　周立伟会见普洛霍罗夫院士

使周立伟在科学道路上不断前进，也促使他不断思考要为光学事业、为祖国的科技事业发展做些什么。

周立伟想到的第一件事，就是要在学术道路上继续耕耘，只要自己还干得动，就要坚持工作。即使已经八十多岁，他还在继续培养学生。他每年都要参加学生的毕业答辩，指导实验室工作；全国各地举办的光学前沿论坛、项目评审会，只要身体允许，他就奔赴各地参加学术交流；他笔耕不辍，写学术论文、写科普论文、写心得体会……

周立伟想到的第二件事，是尽自己的最大能力回馈社会。1991年，周立伟获得光华科技基金奖一等奖，奖金5000元，这在20世纪90年代初期是了不得的一大笔钱。尽管那时候周立伟的家庭也不富裕，家里要用钱的地方还有很多，但在妻子吕素芹的鼓励和支持下，周立伟立刻就把这笔钱捐给了徐特立奖学金和马士修工程光学奖学金，希望能以此激励学校的青年学子，帮助他们完成学业。周立伟的专著《宽束电子光学》获得国家图书奖提名奖、中国图书奖和全国优秀科技图书奖一等奖，奖金3000元，他也毫不犹豫地全部捐给了马士修工程光学奖学金。后来，他又把国家科技进步奖的奖金也捐了出来。评上院士以后，周立伟的收入和津贴有了大幅度增长，但他依旧保持着艰苦朴素，不讲究吃穿，从不购买奢侈的物品。在积蓄了一些存款以后，2012年，周立伟与吕素芹把自己的50万元储蓄捐给学校，设立了吉民助学金和立伟奖学金，以帮助和奖励品学兼优的学子们在学术的道路上奋进。不久后，在听闻家乡要大力办学的好消息后，周立伟夫妇又捐出50万元存款给浙江诸暨十四都藏绿村家乡的孩子们，希望能为家乡的教育尽上一份力。周立伟与吕素芹从不贪恋金

图9-3　周立伟的捐赠证书

钱，他们希望尽可能地帮助青年学子成长为祖国科学事业的继承人，成长为国家所需的栋梁之材。不仅如此，每当国家遇到困难，周立伟夫妇也总是力所能及贡献自己的力量，例如，在得知2008年汶川大地震的消息时，周立伟夫妇立刻委托学校有关部门，将自己的积蓄捐献给灾区。2020年10月，周立伟再次捐出50万元，建立了周立伟—福建阿石创奖教金。周立伟这样做，正是践行自己心中的责任，他要把自己所得回馈给国家和社会，他热切希望学校和家乡的孩子们能茁壮成长，早日成才。

科学普及　社会效应

　　周立伟经常参与的一件事是科学推广普及，这是受王大珩和王绶琯两位前辈的影响。周立伟说，自己的一生总是在书房里推导公式，心里的"一亩三分地"就是如何发展成像电子光学这门学问。但两位前辈用实际行动把他拉出了书斋，令他改变了过去的想法。

　　1997年，周立伟协助王大珩起草建议设立光学工程一级学科的报告，一次，王大珩对周立伟说：不要总把时间花在书斋里，要开阔视野，投身社会，多关心青少年成长，做一些科学普及的工作，这也是年长一辈科技工作者的神圣责任。周立伟听从了王大珩的劝告，从此以后，他积极参加北京青少年科技俱乐部、中国光学学会和北京光学学会组织的科普活动，有机会还去给大、中、小学的学生们上课，给报纸杂志写一些科普文章，发挥自己的作用。在参加这些活动的过程中，他认识了天文学家王绶琯院士和周琳女士，他们二位正

图 9-4　周立伟与青年同学交流座谈

图 9-5　周立伟在首都科学讲堂做科普讲座

是北京青少年科技俱乐部的主要倡议者和组织者。北京青少年科技俱乐部服务于有志于科学且已显露科学禀赋的优秀高中学生，通过开展活动，培养他们对科学的兴趣，帮助他们未来从事科学工作，成为我国科学事业的接班人。周立伟多次参加北京青少年科技俱乐部组织的"科研实践"和"大手拉小手"等活动，他常去给孩子们做科普讲座。周立伟也欣慰地看到，前来参加科普活动的人越来越多，许多高校和科研院所对中小学生们开放实验室，欢迎他们前来参观，越来越多的院士、专家来给中小学生讲课，科普活动渐渐成为一种良好的社会风尚。当看到孩子们的优秀科学作品时，他十分欣慰，感到国家的科学事业后继有人。

除了科普活动外，周立伟还常常参加一些其他的社会活动，例如"两弹一星"元勋郭永怀的夫人、我国应用语言学之母李佩教授主持的"334研究会"活动。起初，他是在老同学张瑞云的介绍下加入的。这个研究会主要是研究钱学森科学与教育思想，参会人员大多是中国科学院力学所及北京大学的一些教授和研究员，年龄在八九十岁上下，他们知识渊博、阅历丰富。李佩教授和郑哲敏院士正是这个研究会的主要主持者，因为座谈会常常在中科院力学所主楼334室举行，所以也被亲切地称为"334研究会"。

通过这个研究会，周立伟结识了李佩教授和郑哲敏院士。李佩教授81岁的时候创办和主持中关村科普大讲坛，这个讲坛名声很大，1998—2011年总共办了600多场。后来，她与郑哲敏院士一起领导和组织一群资深学者，每周三开小型研究会，研讨国家大事和国际最新科研进展，也常常邀请国内外有名的政治家、经济学家、力学家等作报告，畅谈和讨论关系国计民生的大事、新鲜事。周立伟加入这个研究会的时候，李佩教授已经96

岁高龄了，但只要身体允许，她还参加大家的讨论，她的思维非常清晰，思想很有力度，常常在会上呼吁说，要反对个人崇拜和个人迷信，提倡要用质疑的精神来看待和发展科学。周立伟从李佩教授身上看到了人文与科学结合的美。

2016年李佩教授去世以后，郑哲敏院士仍坚持举办"334研究会"，只要有空，周立伟一定去参加。2020年冬天，研究会在香山举办，周立伟也作了发言，题目是《愿全社会倡导批判和质疑的精神——谈学习"钱学森之问"的一点认识》。"钱学森之问"正是周立伟长期思考的、有关我国教育和科学发展中的深刻问题。

2005年，温家宝总理看望钱学森，钱老感慨道："这么多年培养的学生，还没有哪一个的学术成就，能够跟民国时期培养的大师相比。"钱老发问："为什么我们的学校总是培养不出杰出的人才？"这个振聋发聩的提问就是著名的"钱学森之问"。"钱学森之问"是关于中国教育事业发展的一道艰深命题，与"李约瑟难题"一脉相承，它们都体现了科学大师对中国科学殷切的期盼和深深的关怀，引发了无数人的思考。周立伟认为，这个问题的解决关系到当今中国科学技术能不能真正屹立于世界民族之林：

> 我深深感到，批判和质疑（包括反思）是我们民族长期以来在文化传统和科学教育上普遍缺乏的一个大问题。
>
> ……
>
> 科学的本质特征是可以而且应该被怀疑的，科学不承认教条，科学不承认绝对真理，科学是批判的、革命的，等等。科学不可能有顶峰，它只是一个永无止境地前进的过程。十分重要的是，从事科学的人要形成敢于质疑、挑战权威、追求真理的批判意识，树立敢于突破原有假设、原有理论，标新立异的创新思维。
>
> ……
>
> 我们的教育虽说培育了学生好学谦逊的美德，但带来了胆怯和缺乏自信副产品。我国学术界依然推崇"经验和正宗"的原则，缺少冒险性的改革和探索。

……

　　我现在对于破解"钱学森之问"的想法是，如果我们的社会能有"334研究会"的三位先生给出的认识：创造民主（陈耀松），自由（郑哲敏），争论（李佩）的社会氛围，并在全社会倡导对科学和教育问题的"批判和质疑"，也许会给"钱学森之问"一个较为圆满的回答。①

　　周立伟常常思索科学与社会的关系，他认为，社会的发展中，科学技术占据主要地位，但人文科学也是必不可少的，因此他有一个愿望："愿科学与人文两翼齐飞！"周立伟爱做学问，也关心社会的发展，关心科技给人类生活带来的变化。他不仅阅读最新的科技文献，也花时间了解历史、社会和哲学，密切关注科学与人文的互动。他认为，一名科学家要懂得文、史、哲，方能"对美和道德上有鲜明的辨别力"，科学与人文是不分家的，"人文精神的内涵是对人的幸福和尊严的追求、对真理的追求、对生活意义的追求"。

　　科学精神指的是科学研究的精神，也是科学家科学活动时抽象和凝练出的自学理念，他赞赏王大珩院士所说的"求真、务实、探索、创新"，既要锲而不舍追求真理，还要实事求是，敢于修正错误，还要大胆怀疑，敢于挑战，并能做传承拓新，有所发现，才具备了科学精神。他认为，在一个累积渐进的过程中，学习科学知识，进而运用智慧和能力，形成创新的内核，他甚至总结出一个公式：知识＋智慧＋能力＋精神（创新气质）＝创新。

　　人文精神与科学精神同样重要。周立伟说，对于教师和青年学子来说，人文知识的积累和人文修养的提高至关重要，因为做学问"第一步，就要应用语言、文字将自己的思想，自己思考、发现、研究的事物简单、清晰、明确地表达出来，且在表达的同时厘清自己头脑中的概念及研究对象；而含混不清、不知所云的语言和文字正说明思维和逻辑上的混

---

① 周立伟：在香山会议上的发言稿。2020年12月5日，未刊稿。

乱"；且人文知识令一个人具备审美，令他／她懂得善恶美丑，懂得待人接物的基本准则；人文精神凸显了民族的优秀文化底蕴，是本民族精神的精华。①

周立伟认为，只有把科学与人文结合起来，才能在做学问的道路上走得更远，他希望在学校里大力弘扬科学与人文的结合，让青年一代的教师和学生们既能沐浴在科学知识中，也能受到人文教育的熏陶。为此，他呼吁，学校要有创新的能力和活力，有开放的精神、开阔的视野，促进对外交流，以开放的思想来接受学科的交叉渗透，关注国内外的学科前沿。他希望有活跃的学术风气，创造宽松的学术氛围和环境，鼓励探索也容忍失误，以兼容并蓄的精神营造一个健康向上的人文学术环境。周立伟认为，一位优秀的科学家，既要具备科学精神，也要有人文气质。2016 年，周立伟总结自己多年来对科学与人文的心得，出版了"藏绿斋札记"丛书，分别为《情系科研》《感悟人文》《心驰科普》。

科学之外　生活之美

周立伟与吕素芹婚后生育了两个漂亮聪慧的女儿——周霞、周莉，这也是夫妻二人的骄傲和牵挂。两个孩子健康成长，后来周霞在北京理工大学从事学生工作，连续 8 年被评为学校先进工作者；周莉是一名留美博士，在 IT 领域内取得了优秀的成绩。

吕素芹为人和善，在单位口碑很好，她不爱出风头，也常常告诉丈夫在外面不要与人争执。她奉行"与世无争，平庸是福"的人生哲学，保护着家庭和周立伟，实在是既聪明又坚韧。

吕素芹头脑聪慧，性格坚韧。20 世纪 80 年代末，吕素芹评高级实验师职称时，考试资料中有一本机械相关的俄文教材，因为她俄语不是很

---

① 周立伟：愿科学与人文两翼齐飞。见：周立伟著，《藏绿斋札记：感悟人文》。北京：北京理工大学出版社，2016 年，第 8 页。

好，就让周立伟帮助她复习。但因为吕素芹底子差，辅导进度缓慢，再加上周立伟工作繁忙，经常要出差。过了一段时间，周立伟出差回来，发现吕素芹还在啃那本俄文书，而且已经摸索出了自己的学习方式，居然把要考的章节一一背诵出来了！就这样，吕素芹靠着自己的毅力，评上了高级实验师职称。这件事也令周立伟对妻子十分佩服。

吕素芹工作努力上进，与家人相处也十分和睦，周立伟的父母和姐弟都很喜爱她。吕素芹对公婆十分孝顺，只要有空就陪伴周立伟去上海探亲，陪公公聊天，帮婆婆干家务，闲下来了就和姐姐、弟弟一起玩牌，她把周立伟的亲人也看作是自己最亲的人。她还专门学了上海话，就为了能和周立伟的家人聊到一起去。为了让周立伟吃得舒适，她认真向婆婆请教如何烧上海菜。吕素芹把家庭照顾得很好，周立伟总是称呼她"三好女人——好媳妇、好妻子、好妈妈"。吕素芹把周立伟的父母视作自己的父母，尊重和孝敬他们，与他们和睦相处；与周立伟夫妻情深，二人互敬互爱；她耗费了心血精心养育女儿们，希望孩子们都过上好的生活。

吕素芹退休以后，除了在生活上照顾周立伟，闲暇时间参加校内的文艺活动，工会组织的歌咏班、绘画班、书法班，都能见到她的身影。吕素芹很有审美眼光，心灵手巧，对配色、手工都有研究。冬天，她给周立伟织的毛衣，做的贝雷帽，既温暖、又时尚，令周立伟收获到来自同事们羡慕的眼光。吕素芹还很擅长工笔画，她下了很多功夫学习绘画，家中墙壁上挂满了她的墨

图 9-6 晚年的吕素芹与周立伟

迹，她有一张孔雀画还被拿到展览会上展出，甚至被选入了一本名家画集。周立伟很是为爱妻的文艺天赋感到骄傲，他夸奖妻子说："你当年应该到工艺美术学院学画画，不应该学工。你是选错了道路，你若自青少年时代选择绘画，现在说不定是'大师'了！"

周立伟与吕素芹彼此敬重，相互关爱，他们推心置腹，无话不谈。周立伟感到生活既甜蜜又幸福，他说："我觉得我是一个幸运的人和幸福的人。在茫茫人海中，我居然找到一个美丽的姑娘和我相伴一生。"

2017年1月3日，吕素芹因病去世，周立伟痛失爱侣。悲痛万分的他写下了怀念妻子的诗篇，寄托自己无限的哀思：

> 你走了，
> 悄无声息地走了。
> 天色多么灰暗，
> 风无情地吹着。
> 你独自走了，
> 不和我告别，
> 你把我抛弃了，
> 世界变得灰暗了。
>
> 你走了，
> 悄无声息地走了。
> 我轻声地呼唤着你，
> 你却不予回答。
> 你带走天上的云彩，
> 把孤独留给了我。
> 我害怕寂寞，
> 想和你诉说我的思念。
>
> 你走了，

悄无声息地走了。

我被你抛弃了，

你为什么不等我同行。

你可知道，

通向天国的路途遥远。

漫天的风雪，

还有满地的荆棘。

你走了，

悄无声息地走了。

你没有告诉我，

你将走向何方。

你的眼角还挂着热泪，

蕴含着人生的眷恋，

对亲人执着的爱，

我知道你是不愿走的。

你走了，

悄无声息地走了。

天国的路漫长遥远，

愿你一路走好，

一路走好……

　　周立伟和吕素芹有两个心爱的女儿，大女儿周霞，二女儿周莉，大女儿活泼善言，二女儿聪颖好学。让周立伟感到愧疚的是，两个孩子出生时，他都远在苏联，既无法照料怀孕的妻子，也没能第一眼看到孩子们出生。那时候已有身孕的吕素芹只能回到上海，在周立伟父母的照顾下待产。好在两个孩子在长辈的照料下，健康成长。祖父母对孙女儿格外爱惜，还专门请了保姆来照顾孩子们。周立伟和吕素芹工作忙碌，周霞自幼在上海长大，她是祖父母的掌上明珠，受到祖父母的百般疼爱。周霞长大以后，周立伟夫妻把她接到身边，尽管家里的条件清苦，但周霞和周莉在和睦的家庭气氛中成长。周立伟和吕素芹为孩子们的成长

图 9-7　1971 年周立伟和吕素芹以及女儿周莉合影

花费心血，在日常生活中对孩子们潜移默化，令她们受到感染，陶冶了性情。

　　周立伟刚从苏联回国的时候，工资不高，家里的生活很清贫。小女儿身体瘦弱，周立伟总想着要给孩子补一补身体，但家里没有什么钱，于是夫妻俩想了一个办法：当时市场上卖的大猪头，因为处理起来很费劲、肉又少，买的人少，价格比较便宜。到了周末，夫妻俩便早早赶去市场，买一个未处理好的猪头回家，周立伟就当屠夫，用大刀先把猪头砍成小块，把肉一点点剔下来，再由吕素芹用骨头烧汤，肉留下来炒菜，就这样来给孩子们补充营养。那时候日子过得清苦，可周立伟安之若素，他说自己因为是调干生，工资已经比其他人高了，觉得没有什么好抱怨的。在他的影响下，孩子们也对金钱和名利看得很淡。每当父母要给贫困地区捐款，要把积蓄捐给学校用作奖学金，她们都积极支持。父母留给孩子们最大的财富，无关金钱，而是高尚的人格。

　　除了朴素的生活态度，周立伟还把自己对故乡的爱传递给了女儿们。他常常和孩子们讲述家乡的故事，周霞和周莉从小就知道自己的故乡是浙江诸暨，知道自己的根在诸暨藏绿。她们和父亲一样，对家乡怀有深厚的感情，一提起家乡就情不自禁地流露出深情和自豪。周立伟常和孩子们讲她们的爷爷奶奶教育自己的故事，给她们讲述家族的传承和人生的道理，期望她们像一株茁壮的树苗，健康成长。

图 9-8　周立伟一家四口合影

周立伟爱读书，看过的书不少，也培养孩子们对书籍的兴趣，他对孩子们说："阅读是一个人进步的基石，一个人有书读就幸福，读到一本好书是最快乐的事。"① 女儿们年幼时常和父母一起去王府井逛街玩耍，到了地方，父母亲就各自分开——母亲去百货商店购物，父亲奔向新华书店和外文书店。周立伟读书有做笔记的习惯，看到优美的语句就摘抄下来，看到报纸上喜欢的文章就剪下来贴在本子上，久而久之，储藏柜和箱子里堆得满满当当，家里的剪报本多得数不清。二女儿周莉说，父亲将爱读书的基因传给了她，她一天到晚，连吃饭都捧着一本书，所以被人叫作"小书呆子"。书籍给周立伟父女带来了许多快乐，通过读书，孩子们扩展了视野，提高了能力。

周立伟喜欢宠物，尤其喜欢猫。20 世纪 80 年代中期，有朋友送给他一只小猫，这只小猫全身皮毛乌黑，机敏可爱，家里人叫它"黑黑"。这只小

图 9-9　女儿周莉毕业照

　　① 周莉：我心爱的爸爸。见：周立伟著，《藏绿斋札记：感悟人文》，北京：北京理工大学出版社，2016 年，第 196 页。

猫是周家人的心头爱，给全家人带来了很多乐趣。周立伟特别喜欢黑黑，黑黑和周立伟感情也最深，在孩子们都离家上学后，黑黑更是成了周立伟生活的一大慰藉。周立伟亲自给黑黑洗澡，还买来鱼片等零食给它改善伙食。有一次，周立伟从英国访问回来，一进家门，女儿们赶快围上来找爸爸要礼物，但周立伟从包里掏出的，居然是自己在国外给黑黑买的高级猫粮，这让女儿们感到又吃醋又好笑。黑黑还充当了中外"友好大使"，俄罗斯专家们来周立伟家中拜访，黑黑受到外国友人的喜爱，周立伟家中珍藏有一张照片，就是黑黑与俄罗斯国立萨马拉航天大学校长夫人维多利亚的合影。后来周立伟去俄罗斯访问，还常有来过周家做客的俄罗斯朋友们问起：黑黑怎么样？黑黑好吗？

文学、音乐、美术，也是周立伟生活中不可缺少的调味品。周立伟和妻子都很喜爱文学和艺术，周立伟的好友不光有科技界的同人，还有文艺界的作家、诗人、画家、音乐家。1988年秋，在一次活动中，周立伟结识了诗人邵燕祥和作家冯骥才，并成为好友，邵燕祥和冯骥才经常把他们的作品寄给周立伟。

诗人邵燕祥、谢文秀夫妇是周立伟与妻子吕素芹的挚友，他们是同龄人，周立伟最初读邵燕祥的诗《歌唱北京城》时，觉得写得太好了，读起来心潮澎湃。邵燕祥的杂文写得也好，他擅长针砭时弊，丝丝入扣。邵燕祥为人透彻，心中充满了对祖国和人民的热爱，这些情感真实地反映在他的文字里。周立伟也想学习写作，于是向邵燕祥请教写作技巧，邵燕祥告诉周立伟说，写作要从自己熟悉的事物写起，要理顺思路来写，要"穷根究底的孜孜矻矻，又有终得会心的悠然自适"。周立伟听后十分受启发，把邵燕祥视作自己写作生涯的一位重要引路人。在邵燕祥的鼓励下，周立伟利用业余时间学习写作，他不仅写出了一系列的科普文章，还结集出版了97万字的《藏绿斋札记》，2019年起开始撰写自己的自传回忆录，并在2021年完成。

结　语
光学人生　点亮未来

　　如果总结我自己的科学生涯，我想，一是自己还是有点志气的，一定要攻下宽束电子光学这个碉堡来，建立我们自己的学派理论体系。二是我研究的正是国家迫切需要的，具有较大的科学价值和实际意义。今天总结起来，我能做出一点成绩，是自己一直有这样的信念，要在宽束电子光学上走出自己的一条路来。这个目标始终鼓舞着我，锲而不舍地努力去实现这个目标，并且把个人的理想、志愿和兴趣与祖国的需要结合起来。

从求学北京工业学院起，周立伟就走上了学术道路，夜视技术是他的学术兴趣所在，在攀登科学高峰的过程中，他经历了挫折，也收获了成功。为探索这一学科的奥妙，他留学苏联，在列宁格勒研究电子光学，获得了副博士学位；回国以后，他在艰难岁月里上下求索；新时代到来以后，他破除思想上的枷锁，在学术的道路上越走越远。

周立伟很认同前辈王大珩的一句话："光学老又新，前程端似锦。"光的研究促进了人类社会的发展，孕育了现代科技的基础。他认为，对光和光子的认识和利用，每前进一小步，人类社会就会前进一大步；光学的明

图结-1 1984年12月周立伟参加中国光学学会第一、二届全体理事会联席会议（三排右14为周立伟；二排左10为王之江，左12为王大珩，左13为严济慈；四排右10为薛鸣球，左5为陈星旦）

天将比今天更加辉煌。周立伟说："虽然我现在的思维比不上从前年轻的时候，但我还在科学的道路上，蹒跚地前进。"

夜视技术　留学苏联

大学时代的周立伟，最喜爱的一本书是苏联小说《钢铁是怎样炼成的》。"每个人的一生，应当这样度过；每当他回首往事时，不会因为碌碌无为而悔恨，也不会因为虚度年华而羞耻。"主人公保尔·柯察金的名言深植于一代青年人的心中，使他们立下了为祖国奉献一生的决心和志向。周立伟深受保尔·柯察金的影响，他想要把自己的一生献给祖国。

从北京工业学院毕业前，周立伟对自己的职业规划是：分配到艰苦的地方去，制造最先进的武器装备，实现保卫祖国的理想。尽管周立伟最后留在了学校，但他肩负的是一项重任——参与新建设的夜视技术专业，培养国家急缺的专业人才。为此，周立伟放弃了自己擅长和喜爱的精密机械与制图，转而学习电子光学，从工科转向理科，这意味着他几乎要从头学起。

夜视专业当时在中国还是个新学科，研究的人较少，周立伟几乎全靠自己慢慢摸索。他去北京大学听课，去长春光机所调研，翻译和研读国外专业书籍。他夜晚在灯下奋力苦读，将知识点一条一条整理清楚，白天再讲给学生们。为了将知识点融会贯通，他采取理论联系实际的教学办法，根据夜视产品器件的研制需要讲授课程。这一时期，周立伟和自己的学生们一起学习，共同成长，得益于大学打下的良好基础，他进步很快。1961年，周立伟总结自己的学习成果和教学实践，写出教材《电子光学理论与设计》，成为全国第一份电子光学讲义。

作为青年教师，周立伟成长迅速，北京工业学院也把他作为"重点教师"培养。1961年，学校获得一个赴苏联学习夜视技术的名额，领导第一个就想到了周立伟。1962年11月，周立伟顺利通过教育部考试和培训，前往苏联列宁格勒电工学院，开始了极为困难又收获满满的三年半留学时光。

列宁格勒电工学院时期，周立伟的指导教师建议他转行研究当下热门的超高频电子光学课题，令周立伟陷入困境，他面临一个选择：如果不跟着导师做，就没有人给他指导；如果跟着导师做，那么自己的所学就无法用到国内的紧缺专业上。周立伟最终下定决心，不能辜负祖国和学校的期望，一定要把电子光学学到手。他婉拒了导师的要求，从此，走上了一条自行研究的艰难道路。

这一时期，周立伟主要围绕两个问题展开研究：傍轴电子光学理论和方法不能用来解决成像系统的电子光学问题；成像电子光学系统的横向像差究竟应该如何定义。他把目光聚焦在成像系统中的电子束聚焦问题上，发现电子束在从细束向宽束过渡的过程中，前辈学者们的研究还有很大的改进空间，尤其是关于静电聚焦同心球系统的横向像差，还有不少科学问题值得探究。这期间，他自学了德语，为的是能够看懂卢斯卡关于研究静电聚焦同心球系统中的电子行进轨迹的德文原著。周立伟决定从特殊性入手，从点到面，以寻求普遍性规律，这也是他独特的一条治学思路。周立伟的选择最后被证明是正确的，他以两电极同心球静电聚焦系统作为研究的切入点，将它作为一个可研究的理想模型，通过找出这一模型的成像位置的精确解，把它表示成级数的展开式，从而解决理想成像等概念和定义电子光学像差的问题。

功夫不负有心人，周立伟推导出一套全新的同心球静电聚焦系统的电子光学轨迹表达式，完成了副博士论文《轴对称和球对称成像系统的像差理论》，以全票通过了学位答辩，向祖国交上了一份优秀的答卷。事实上，周立伟对静电聚焦同心球系统的研究深度已经超过了当时的苏联学者，苏联学者只解决了前面简单的特殊问题，后面复杂的问题没有解决，而周立伟把这个问题全都解决了。他继承并发展了苏联的学派，他的论文对电子光学界产生了重大影响，澄清了当时电子光学界许多模糊不清的问题。周立伟以苏联为师，又以俄罗斯的科学为参照，他保持着与邻国科学界的学习和交流，2018年，回忆自己的学术之路，周立伟说："我认为我在俄罗斯（苏联）的工作奠定了我一生工作的基础。我在俄罗斯是从静态开始的，发展到后来动态的，从简单的发展到复杂的都是从俄罗斯起步的。"

创立学派　自成体系

1972年，周立伟把苏联的学位论文编写成教材《变像管与像增强器电子光学》。同年，周立伟参加国内微光夜视技术的攻关会战，与同事一起研究变像管和像增强器的电子光学系统计算与设计，取得可喜成果。

1977年开始，周立伟将在苏联的研究成果进一步向前推进，他的研究领域从同心球静电聚焦系统转入电磁聚焦系统。后来，他和他的学生们在电磁聚焦同心球系统电子光学、移像系统电子光学、倾斜型系统电子光学、电磁复合聚焦阴极透镜的像差理论、阴极透镜的电子光学传递函数等多个方面取得了卓著的成就。在研究中，他采用张量分析的方法研究旋转运动曲线坐标系下的电子运动，从而在更普遍的基础上建立了宽电子束聚焦与成像的较为完整的理论体系。1978年，周立伟与方二伦、冯炽焘合作的项目"变像管电子光学系统设计程序"获全国科学大会奖。

1980年，"电磁聚焦同心球系统的电子光学"获兵器工业部技术改进

图结-2 《宽束电子光学》获第八届中国图书奖证书

成果奖二等奖。1991年，"宽电子束聚焦理论与设计"研究成果荣获国家科技进步奖二等奖。1993年，专著《宽束电子光学》出版，得到国内外光电领域专家的高度评价，杨振宁的老师、中国科学院院士孟昭英亲自为此书撰写序言，并提名他为中国科学院院士候选人。《宽束电子光学》荣获第八届中国图书奖、第七届全国优秀科技图书奖一等奖、国家图书奖提名奖。

1996年，"像管电子光学优化设计及 ODESI 软件包"项目获国家科技进步奖三等奖。1999年，周立伟当选中国工程院院士。2000年，他当选俄罗斯工程院外籍院士。

进入 21 世纪，周立伟把静态电子光学的理论推广到成像系统的动态电子光学领域，将动态电子光学和静态电子光学统一起来进行研究，并提出了直接积分法求解成像系统的时间像差理论，给出了计算时间像差的一套新的表达式。在重视理论研究的同时，周立伟又积极将理论成果用于成像系统的计算与设计中。从 20 世纪 80 年代开始，他就和同事方二伦一起研究用计算机设计像增强器电子光学系统，编制了较为完善的像管电子光学软件包。2000 年开始，他和方二伦、张智诠、金伟其、李元等合作，把动态电子光学时间像差计算的内容融合到静态电子光学系统设计中，形成了 ODESI-SD 软件包，取得了重大的社会经济效益。对此，诺贝尔奖获得者、俄罗斯科学院普罗霍洛夫院士赞誉周立伟"是自己的科学学派的创立者"。

从静电聚焦同心球系统的电子光学到复合电磁聚焦同心球系统的电子光学，从成像系统的静态电子光学到动态电子光学领域，周立伟试图用统一的观点来考察和研究宽束电子光学的成像和聚焦、空间像差和时间像差等问题，最后取得了可喜的成果。

周立伟认为，自己能够攻下宽束电子光学这个堡垒，建立自己的学派体系，主要是因为，这个专业正是我国迫切需要的，在实际应

图结 -3　周立伟使用我国自行设计的微光夜视仪

用中具有较大的科学价值和实际意义。他正是把个人理想、志愿、兴趣，与国家的需要紧密结合，才做出了成绩。

身为导师　乐育英才

周立伟常说，自己受到父母、老师和前辈们的影响很深——父母总是不求回报地帮助别人，老师和前辈们为了学问和育人终身奋斗，他们都是自己的榜样，潜移默化中教导自己踏实做人、热心助人，给予自己无穷力量，在往后的日子里安于清贫、坚守岗位。

周立伟对自己的要求是，做一个正直的人，当一名指路的师。至今，他已在北京理工大学连续工作六十余年，在学术上屡出成果，在教学上兢兢业业，赢得了光学同仁的敬重和学校师生的喜爱。周立伟认为，教师要传授给学生的不仅是知识，还有学习的方法和做人的准则。作为一名教师，周立伟不光考虑培养学生成才，还要他们立德——"做学问中学做人，做人中学做学问""为人比为学更重要；首先是做一个堂堂正正的、大写的人，其次才谈得上什么专家"。[1]

在培养学生的道德问题上，周立伟常告诫自己的学生："你们首要的就是端正学风，反对和防止学术不端行为，且要勇于和学术界里的错误行为斗争，这是当前科学界和高等教育界的一件大事。"他自己也是以身作则，

---

[1]　周立伟:《一个指导教师的札记》。北京：北京理工大学出版社，1998 年，第 4 页。

坚决反对一切不良风气，以诚信立身，踏踏实实做学问，这也是学生们最佩服他的地方。

多年来，周立伟遵守教师的规范，时刻提醒自己"不要误人子弟"，为此，他因材施教，注重培养学生的兴趣，发现学生的特长。

周立伟把青年学子看作是祖国的未来，希望他们把祖国的科技事业传承和发扬起来。他走过了风雨，看见过彩虹，他知道，人的一生，既会有美满愉快，也会有艰难曲折，但他希望年轻人能够始终保持坚定的信念和饱满的热情，坚守初心，专心致志，持之以恒。

做了大半辈子教师，周立伟对教师的职责有深刻的感悟：教师是为祖国和人民的教育事业九死而无悔的人；教师是帮助学生、希望学生超过自己而不期望报答的人；教师是一个神圣的职业，选择当了教师，就不能自轻自贱，要时刻把教学、科研放在首要的位置上；教师要以优秀的道德传统制约自己。

　　　　回顾我的一生，有过成功，也有过挫折；有过辉煌，也有过低谷；有过浪漫爱情的时刻，也有过生离死别的痛苦；有过被背叛，也有过

图结 -4　周立伟和王涌天在实验室指导学生

被信任；有过扬眉吐气，也有过灰心丧气……这些构成了我一生悲欢离合的交响乐章。"仰不愧于天，吾视富贵若浮云。俯不怍于人，不以贫贱挠志气。"我时刻以这两句话勉励自己，使自己能昂然屹立于世。我自豪的是，我的一生没有辜负亲爱的祖国，也没有辜负父母的期望，这是我可以告慰于我的周氏祖先的。

附录一　周立伟年表

1932年

9 月 17 日，出生于上海。

1937年

8 月 13 日，为躲避日军，与母亲和弟弟逃难到诸暨十四都藏绿村。

1938年

9 月，进入上海培正小学学习。

1944年

9 月，进入上海杨树浦基督教中学学习。

1945年

2 月，转学至上海湘姚中学。

9 月，转学至上海恒茂中学。

1946年

7 月，从上海恒茂中学肄业。

9 月，进入上海市高桥中学学习。

1948年

7 月，上海高桥中学高中一年级肄业。

9 月，考入国立上海高级机械职业学校，学习机械专科。机械制造科，学号 600。

1949年

11 月，加入中国新民主主义青年团，历任团小组长、分支宣委、分支书记。

1950年

报名参加南下工作队、军干校和抗美援朝，因身体原因未被录取。

1951年

7 月，毕业于上海高级机械职业学校，被分配至上海华通电机厂，任二级助理技术员。

1952年

6 月，发明扁平线圈绕线车，将工作效率提高 7.5 倍，升为四级技术员。

1953年

6 月，在复旦大学干部补习班学习，准备参加高考。

10 月，考上北京工业学院，就读于仪器系 8531 班学习，专业是军用光学仪器，学号 531360。

1955年

在哈尔滨量具刃具厂实习。

1956年

1 月 12 日，递交入党志愿书。

1957年

年初，到昆明海口国营 298 厂实习一个月。

1958年

7 月，大学毕业，毕业设计题目是"坦克炮瞄准镜的设计"。毕业后留校工作，负责筹建夜视技术新专业。

7 月 19 日，正式成为中国共产党党员。

1959年

获得跃进奖三等奖，奖金 25 元。

1961年

在北京大学电子物理教研室学习红外光阴极相关知识。

以"韦尔"的笔名出版教材《电子光学理论与设计》。

1962年

1 月，在北京语言学院俄语出国预备班学习俄语，为留学苏联做准备。

9 月 13 日，与吕素芹结婚。

11 月，前往苏联列宁格勒电工学院留学。

1963年

7 月 17 日，大女儿周霞出生。

1966年

4 月 8 日，小女儿周莉出生。

4 月，通过了数学物理副博士学位论文答辩，论文题目是《轴对称和球对称电子光学成像系统的像差理论》。

5月中旬，结束苏联留学，回到北京工业学院。

1967年

参加"四教联"，赴贵阳大串联。

1968年

8月，从上海老家回校主持夜视技术教研室的教学与科研工作。

1969年

酝酿同心球系统更普遍程度的概括——电磁复合同心球系统的电子光学，把苏联留学时的研究由静电聚焦扩展到电磁聚焦领域。

1971年

下放到河南驻马店"五七干校"劳动，在塘坊庄生产队插队三个月；后随干校迁到北京大兴庞各庄。

1972年

结束"五七干校"劳动，回校继续主持夜视技术教研室工作，组织教师为工农兵学员上课。

编写《变像管与像增强器电子光学》教材。

参加国内微光夜视技术的攻关会战。

1973年

6月，在"73·6"夜视会议上作报告《同心球型静电聚焦像增强器的电子光学系统》。

11月21日—12月24日，赴荷兰、英国考察夜视和像增强器技术。

1974年

9月，参加在英国伦敦帝国理工学院举行的光电子成像器件国际会议，并对英国像增强技术进行了考察。

1975年

带工农兵学员到云南光学仪器厂实习。

1977年

出版教材《夜视器件的电子光学》。

1978年

3月，与方二伦、冯炽焘合作的项目"变像管电子光学系统设计程序"获全国科学大会奖。

9月，率团出国参加由伦敦帝国理工学院召开的光电子成像器件国际学术会议和由兰克集团召开的电子成像国际会议。

承担原兵器工业部五局和机械电子工业部兵器科学研究院的研究项目"宽电子束聚焦理论与设计"。

招收第一届硕士研究生艾克聪、潘顺臣和倪国强。

1980年

撰写《关于研究生学习与学位论文工作的札记》提交北京工业学院校学术委员会。

任北京工业学院第一届学术委员会委员。

8月，"电磁聚焦同心球系统的电子光学"获兵器工业部技术改进成果奖二等奖。

10月14日—11月14日，作为中国科协第二届访美代表团成员访问美国。

12月，被评为副教授。

6月，在北京工业学院学术报告会上宣读《静电聚焦成像系统电子光学逆设计的研究》。

6月，在成都召开的第二届全国电子光学学术讨论会上宣读论文《用三维坐标对成像系统点扩散函数和调制传递函数的研究》。

把青年时代的想法整理为10个问题，发表《成像系统电子光学若干问题的探讨》。

12月15日，在《电子管技术》上，与方二伦合作发表《倾斜型电磁聚焦系统的电子光学》。

申请我国第一个军用光学博士点成功，被批准为博士生导师。

9月，参加在伦敦帝国理工学院举行的第八届国际光电子成像器件会议，任组织委员会成员及分会主席，在会上宣读学术论文《宽电子束聚焦的普遍理论》。

12月，参加中国光学学会红外光电专业委员会首届光电器件学术交流会，和方二伦共同完成《曲近轴方程组确定静电阴极透镜的场曲与像散的研究》。

4月，被国家科委和人事部授予"国家有突出贡献中青年专家"称号。

4月9—14日，出席在美国马里兰州海洋城举行的第三届帕夫雷康电子光学系统会议，宣读学术论文《图像无旋转的电磁聚焦成像》《宽电子束聚焦的光学》。

8月，被国家教委特批晋升为正教授。

12月10—15日，作为理事参加中国光学学会第一、二届理事会联席会议。

1985年

4月2日，在《半导体光电》上发表《夜视技术的现状与发展前景》。

在 *Advances in Electronics and Electron Physics* 上 发 表 "A generalized theory of wide electron beam focusing"。

1986年

接待苏联古比雪夫航空学院绍林校长。

与北京大学西门纪业教授、中科院电子所朱协卿共同主持北京电子光学国际会议。

1987年

领导的北京理工大学军用光学博士点被评为国家重点学科，获得世界银行贷款，在工程光学系内建成了颜色科学专项实验室。

2月，作为主要负责人和方二伦共同承担兵器科研研究院委托的项目"成像器件电子光学系统 IBM-PC 机设计程序软件包"。

1988年

任北京理工大学学术委员会主任。

出版著作《探索之路——科学研究方法谈》。

11月，被聘为北京理工大学首届技术职务聘任工作委员会委员兼光电仪器学科评审组成员。

1989年

1月，"宽电子束聚焦理论与系统设计的研究"获批国家自然科学基金。

2月，参加在人民大会堂举行的春节团拜会。

7月，接待苏联鲍曼高工前院长、苏联科学院院士尼古拉耶夫教授来访，并主持座谈会。

8月，接待苏联古比雪夫航空学院副院长邱戈达耶夫教授来访。

参加第四届全国光电器件学术讨论会，独著《光电成像——在我国的现状与进展》，和金伟其、倪国强共同完成《关于宽电子束聚焦理论的研究》。

1990年

4月，"宽电子束聚焦理论与设计"获中国兵器工业总公司科技进步奖一等奖、北京理工大学科学技术进步奖特等奖。

6月4—26日，作为北京理工大学代表团成员访问列宁格勒电工学院、列宁格勒精密机械与光学学院、列宁格勒机械学院、莫斯科动力学院和古比雪夫航空学院等苏联高校。起草了北京理工大学工程光学系与列宁格勒精密机械与光学学院工程物理系系间科学合作计划书。

参加在云南昆明举办的第五届全国电子光学学术讨论会，发表论文《旋转非正交曲线坐标系下的宽电子束聚焦》。

1991年

"宽电子束聚焦理论与设计"获国家科技进步奖二等奖。

获光华科技基金奖一等奖，将奖金5000元捐给北京理工大学徐特立奖学金和马士修工程光学奖学金。

4月18日，被中国兵工学会聘为中国兵工学会光学分会第三届委员会主任委员。

7月，享受国务院政府特殊津贴。

7月2日，与金伟其、倪国强在《北京理工大学学报》上发表《宽电子束聚焦的变分理论》。

9月，作为会议组织委员会委员，赴英国伦敦参加第十届McGee电子成像器件会议。

赴俄罗斯考察高校与研究所，商谈学生交流与科学合作。

10月6—19日，参加在无锡举办的兵器工业总公司高级工程技术人员研究班，发表学术报告《夜视技术的进展》。

1992年

4月，被聘为国务院学位委员会第三届学科评议组（兵器科学与技术评议组）成员。

9 月，作为兵器工业（集团）总公司教育代表团访问俄罗斯，与圣彼得堡约飞技术物理研究所形成初步合作协议。

11 月，被选为俄罗斯圣彼得堡工程院外籍院士。

应邀赴美国斯坦福大学、普林斯顿大学、新泽西理工学院和劳伦斯利佛莫尔国家实验室考察光电技术。

12 月，作为中方负责人与俄罗斯科学院圣彼得堡约飞技术物理研究所开展合作课题"圆锥透镜的计算、优化与设计"。

1993年

5 月，作为大会主席主持了 '93 北京国际光电子探测与成像技术及应用学术讨论会（ISPDI'93）。

5 月，接待俄罗斯圣彼得堡电工大学贝柯夫教授来北京讲学访问。

10 月，出版学术专著《宽束电子光学》。

10 月，参加电子工业部综合计划司和中国电子学会共同举办的"展望2000—2010 年电子科技发展"座谈会。

11 月，接待俄罗斯科学院普通物理研究所莫纳斯忒尔斯基教授访问北京理工大学，进行学术交流及科技合作。

12 月，当选为中国光学学会第四届理事会理事。

被聘为美国国际科学基金会电子光学专家评委。

1994年

9 月，编著的《宽束电子光学》获第八届中国图书奖，北京理工大学第六届优秀教材一等奖。

10 月，出版《宽电子束聚焦与成像——周立伟电子光学学术论文选》。

1995年

1 月，在北京理工大学 1995 年人才工作会议上被评为北京理工大学队伍建设先进个人。

《宽束电子光学》获第七届全国优秀科技图书奖一等奖和第二届国家图书提名奖。

项目"像管电子光学优化设计及 ODESI 软件包"获兵器工业总公司科技进步奖一等奖，1996 年获国家科技进步奖三等奖。

6 月，赴美圣地亚哥参加 SPIE 国际学术会议。

1996年

7 月，被北京理工大学聘为校第五届专业技术职务任职资格评审委员会委员、光学学科评审组成员。

9 月，主持的"电磁聚焦成像系统逆设计与方法的研究"项目获北京理工大学优秀科技成果奖一等奖。

10 月，由中国兵器工业总公司及中华人民共和国人事部授予"全国兵器工业先进工作者"荣誉称号。

12 月，获北京理工大学学科建设优秀个人奖一等奖。

任北京国际光子学会议"电子成像与多媒体系统"主题会议主席兼 SPIE2898 卷的主编。

1997年

3 月，主持的"电磁聚焦成像系统逆设计理论与方法的研究"获得兵器工业部科技进步奖二等奖。

4 月，入选中国兵工学会第五届理事会理事。

5 月，被聘为国务院学位委员会第四届学科评议组（光学工程、仪器科学与技术评议组）成员。

6 月，被认定为高等学校教师资格（教授）。

10 月，被俄罗斯萨马拉国立航天大学授予名誉博士称号。

1998年

6 月，被评为北京理工大学优秀共产党员。

9 月，被聘为北京理工大学首席专家。

10 月，出版《一个指导教师的札记》。

1999年

2 月，俄罗斯工程科学院院士、俄罗斯科学院普通物理研究所谢列夫教授邀请周立伟教授合作进行科学研究。

11 月，当选中国工程院院士。

12 月，评为北京理工大学师德标兵。

2000年

6 月，参加中国科学院第十次（工程院第五次）院士大会。

6 月 22 日—7 月 6 日，访问俄罗斯研究院普通物理研究所光电子学研究部。

9 月，当选为俄罗斯工程院外籍院士。

9 月，筹备并主持中俄学术报告会议。

9 月 10 日，在《学位与研究生教育》上发表《浅议研究生指导教师的作用》。

2001年

被评为北京市高校系统优秀共产党员。

5 月，参加 21 世纪中国光电子技术及产业发展战略长春论坛。

9 月 13 日，在《新世纪　新机遇　新挑战——知识创新和高新技术产业发展（上册）》上发表《微光与热成像——机遇与挑战》。

2002年

2 月 28 日，在《北京理工大学学报》上发表《光电子成像——走向新的世纪》。

5 月 15 日，在《科技和产业》上发表《再谈科学创造四阶段》。

8 月，参加赣苏鲁豫黑五省光学（激光）学术年会。

8 月 18 日，在《自然辩证法研究》上发表《中国的科技，从科学创造四阶段说起》。

12 月，出版《目标探测与识别》。参加 H/PJ12 型近程反导舰炮武器系统设计定型审查会。

2003年

6 月 8 日，在《中国工程院第五次院士大会学术报告汇编》上发表《关于像管时间渡越弥散表达式的研究》。

7 月，参加纪念北京市科协成立 40 周年座谈会。

8 月 30 日，在《北京理工大学学报》上发表《光学，明天更辉煌——写在北京理工大学光电工程系建系 50 周年》。

2004年

3 月 25 日，在《科学与产业》上发表《先生之风　山高水长——祝贺王大珩先生从事科学活动 66 年》。

6 月，参加中国科学院第十次（工程院第五次）院士大会。

8 月 10 日，在《学位与研究生教育》上发表《笃学诚行　惟恒创新——谈研究生指导教师的作用》。

10 月，出席在厦门举办的全国光电技术学术交流会。

任北京理工大学科协主席。

获北京理工大学"研究生指导教师名师奖"。

2005年

4 月，被原总装备部军兵种装备部聘为国家安全重大基础研究"973-61323"项目专家组专家。

7 月，被中国计量测试学会聘为计量测试专家咨询委员会委员。

8 月，参加在北京举办的中国光学学会光电技术专业委员会成立二十周年暨第十一届全国光电技术与系统年会。

11 月，主编的《目标探测与识别》获第三届国防科技工业优秀图书奖。

12 月，被聘为《电光与控制》期刊顾问。参加"微电子技术与南昌工业现代化高层论坛"。

当选北京光学学会副理事长。

2006年

被北京理工大学聘为《北京理工大学学报》（自然科学中、英文版）第六届编委会委员。

被北京理工大学授予校"十五"先进科技工作者称号。

2007年

1 月，出版《科学研究的途径———一个指导教师的札记》。

1 月，被电子工业出版社聘为"光电技术与系统精品丛书"编委会委员。

1 月 30 日，与李元、方二伦、张智诠在《第五届全国夜视技术交流会暨 2005 年全国瞬态光学与光子技术交流会会议论文集》上发表《高速摄影变像管时间像差理论与设计的研究》（2007 年出版，第 278—282 页）。

4 月，被中国兵器工业总公司科技部聘为微光夜视技术国防科技重点实验室学术委员会名誉主任，聘期 3 年；被中国光学学会聘任为 2007 年亚洲光电子会议分会主席。

4 月 5 日，在《中国青年研究》上发表《与青年学人论治学》。

5 月，参加在西安举办的中俄衍射光学技术高端研讨会。

9 月，被中国仪器仪表学会聘为中国仪器仪表学会科学仪器学术工作委员会顾问。

被国家边海防委员会办公室聘为全国边海防建设专家库成员。

12 月，与张智诠、李元合作的论文《关于 τ 变分法研究电子光学成像系统的时间像差理论》获第五届中国科协期刊优秀学术论文奖。

2008年

任北京理工大学基础教育学院名誉院长。

9 月，被中国计量科学研究院聘为第一届计量科学咨询委员会副主任委员。

9 月 19 日，在长春理工大学参加"王大珩教育与科学技术思想研讨会"，作题为《中国光学界一面高扬的旗帜》的报告。

10 月，被中国兵工学会聘为中国兵工学会光学专业委员会第五届委员会荣誉主任委员。

10 月 15 日，在《学位与研究生教育》上发表《愿中华大地永远是科学的春天——纪念我国恢复研究生教育 30 周年》。

2009年

1 月，被精密光机电一体化技术教育部重点实验室聘为精密光机电一体化技术教育部重点实验室第一届学术委员会资深委员，任期 4 年；参加"同贺神七飞天　共建创新中国"院士专家研讨会。

5 月，"以创新的教学和管理方法提高研究生的创新能力"研究成果获北京市教育教学成果二等奖。

8 月，被《电光与控制》聘为编委会顾问委员。

9 月，论文《笃学诚行　惟恒创新——谈研究生指导教师的作用》获第四届《学位与研究生教育》优秀论文评选一等奖。

11 月，被选为中国兵工学会第七届理事会理事。

2010年

2 月，被聘为《光耀人生：王大珩学术思想与创新贡献》编委会顾问。

4 月，被中国光学学会、全国科学技术名词审定委员会聘为光学名词审定委员会委员。

7 月，被北京理工大学聘为北京理工大学高级专业技术职务评审委员会委员，聘期 3 年。

9 月，被聘为上海理工大学光电信息与计算机工程学院名誉教授。

2011年

5 月，被中国航天科工集团第三研究院聘为光电信息产业战略发展专家咨询委员会高级顾问；被航天科技控股集团股份有限公司聘为技术委员会高级顾问。

11 月，被原总装备部电子信息基础部聘为国家安全重大基础研究"基于硅基像源全息波导成像的头盔显示系统基础研究"项目专家组组长。

12 月，被中国兵器工业总公司科技部聘为微光夜视技术国防科技重点实验室学术委员会委员，参加在西安举办的微光夜视技术重点实验室第二届学术委员会成立暨 2011 年学术交流会。

2012年

5 月，被北京理工大学聘为国家重大科学仪器设备开发专项项目"激光差动共焦扫描成像与检测仪器研发及其应用研究"技术专家委员会委员。

9 月，参加在昆明举办的 2012 微光技术发展论坛。

10 月 14—16 日，出席在上海市举办的 2012 年中俄衍射光学及纳光子学国际研讨会，任组织委员会主席。

12 月 31 日，在《科学中国人》上发表《高山仰止，心向往之——纪念王大珩院士逝世一周年》。

2013年

1 月，参加国家重大科学仪器设备开发专项"空间多指标生物分析仪器开发及应用"项目启动及工作推进会。

5 月 23 日，"周立伟奖助学基金"理事会成立并召开第一届理事会。

6 月，被聘为中国计量科学研究院第二届计量科学咨询委员会委员。

2014年

1 月，被北京理工大学光电学院聘为光电学院教学指导委员会成员，任期三年。

4 月，被中国人民武警部队武警学院聘为荣誉教授。

4 月，被中国兵工学会聘为中国兵工学会咨询专家库特别咨询顾问。

8 月，被中关村自主品牌创新发展协会、天津武清商务区聘为"中关村·武清创业学院"首席创业导师。

10 月，被北京市东城区教育委员会和东城区青少年科学技术学院聘为学院名誉导师，被北京市东直门中学聘为名誉顾问。

2015年

5 月，被中国兵工学会聘为中国兵工学会科技奖励工作委员会第八届委员会委员。

7 月，参加在长春光机所举办的"王大珩学术与教育思想暨国际光年学术研讨会"。

8 月，被中关村自主品牌创新发展协会聘为中关村创业学院首席创业导师。

10 月，被平板显示玻璃技术和装备国家工程实验室技术委员会推荐聘为实验室技术委员会名誉主任，聘期 3 年。

12 月 27 日，参加 2015 年度精密测试技术及仪器国家重点实验室（天津大学、清华大学）学术委员会会议。

2016年

6 月，出版《藏绿斋札记：感悟人文》《藏绿斋札记：情系科研》《藏绿斋札记：心驰科普》。

12 月，被授予北京理工大学科学技术协会荣誉委员职务。

2017年

5 月，被聘为中国计量科学研究院第三届计量科学咨询委员会委员。

6 月 4—6 日，参加 2017 年国际应用光学与光子学技术交流会。

7 月 17 日，在乌兰察布参加 2017 中国创业创新博览会。

10 月 11 日，出席 ILOPE 2017 北京光电周——第 22 届中国国际激光、光电子及光电显示产品展览会开幕式。

2018年

9月12日，在成都石室中学参加"院士学生面对面"活动，作《志存高远，脚踏实地》报告。

9月13日，在四川省彭州市参加2018年智慧城市院士论坛，作《智慧城市人才培养的思考》报告。

2019年

1月6日，在清华大学参加2019年信息光学前沿高峰论坛暨庆祝金国藩院士从事科研工作68周年交流会。

4月，在《光学学报》第四期上发表"成像电子光学"专辑（英文）。

3月21日，参加"DOU知计划"的全民短视频科普行动启动仪式，支持科普传播。

5月24日，加入南昌虚拟现实检测技术有限公司院士工作站。

9月11日，在上海工程技术大学参加"名家论坛"，讲座题为《志存高远，求深愿达——与青年学人谈成长、成才、成功》。

10月13日，出席在国家工程实验室召开的平板显示玻璃技术和装备国家工程实验室二届一次理事会与技术研讨会。

2022年

4月，在《光学学报》第八期上发表"成像电子光学"专辑Ⅱ。

附录二　周立伟主要论著目录

一、论文

［1］周立伟. 两电极同心球系统的电子光学［J］. 工程光学，1978（1）：
71−87.

［2］周立伟. 电磁聚焦同心球系统的电子光学［J］. 兵工学报，1979（1）：
66−81.

［3］Zhou L W. Electron optics of concentric spherical electromagnetic focusing
systems［J］. Advances in Electronics and Electron Physics，1979（52）：
119−132.

［4］方二伦，冯炽焘，周立伟. 变像管及像增强器电子光学系统计算机分
析与设计［J］. 光电技术，1980（2−3）：71−81.

［5］周立伟，方二伦. 倾斜型电磁聚焦系统的电子光学［J］. 电子管技术，
1982（6）：52−53.

［6］周立伟. 成像系统电子光学若干问题的探讨［J］. 工程光学，1982
（2）：2−15.

［7］周立伟，艾克聪，方二伦. 成像系统的电子光学传递函数与均方根半
径的研究［J］. 北京工业学院学报，1982（3）：36−51.

［8］周立伟，方二伦. 一种新型的放大率 M ≠ 1 的电磁聚焦移象系统［C］//
夜视技术论文集，1982：206-219.

［9］周立伟，方二伦. 曲近轴方程组确定静电透镜的场曲与像散的研究
［R］// 成都：第二届全国电子光学学术讨论会，1982.

［10］周立伟. 曲线坐标系下曲近轴运动方程的研究［R］// 成都：第二
届全国电子光学学术讨论会，1982.

［11］Zhou L W. Developments and current status of photoelectronic image
devices in China［J］. SPIE，1982：10-16.

［12］周立伟，艾克聪，潘顺臣. 关于电磁复合聚焦阴极透镜的像差理论
［J］. 物理学报，1983，32（3）：376-392.

［13］西门纪业，周立伟，艾克聪. 阴极透镜像差的变分理论［J］. 物理学
报，1983，32（12）：1536-1546.

［14］周立伟. 电磁聚焦移像系统理论的研究［J］. 北京工业学院学报，
1983（3）：12-24.

［15］周立伟，潘顺臣，艾克聪. 静电聚焦成像系统电子光学逆设计的研
究［J］. 北京工业学院学报，1983（1）：17-34.

［16］周立伟. 曲轴宽电子束聚焦的普遍理论［J］. 工程光学，1983（2）：
37-54.

［17］Ximen J Y，Zhou L W，Ai K C. Variationai theory of aberrations in
cathode lenses［J］. Optik，1983，66（1）：19-34.

［18］周立伟，倪国强，方二伦. 图像无旋转的电磁聚焦移像系统的研究
［J］. 电子学报，1984，12（3）：33-40.

［19］Zhou L W，Ni G Q，Fang E L. Electrostatic and magnetic imaging
without image rotation［J］. Electron Optical Systems Seminc，1984（3）：
33-40.

［20］Zhou L W. Optics of wide electron beam focusing［J］. Electron Optical
Systems Seminc，1984（3）：45-62.

［21］郑玉才，方二伦，周立伟. 关于像管电子光学 FORTRAN 通用程序
［J］. 电子应用技术，1984（3）：1-6.

［22］周立伟，史万宏，倪国强，等. 两电极双曲场作为静电聚焦阴极透镜的电子光学［J］. 电子管技术，1984（2）：49-50.

［23］周立伟，倪国强. 电磁聚焦同心球系统的精确解［J］. 电子管技术，1985（2）：50.

［24］周立伟. 宽电子束聚焦的光学［J］. 电子管技术，1985（2）：49.

［25］周立伟，史万宏. 相对论修正下的宽电子束聚焦［J］. 电子管技术，1985（2）：49.

［26］Zhou L W. A generalized theory of wide electron beam focusing［J］. Advances in Electronics and Electron Physics，1985（64B）：575-589.

［27］周立伟. 夜视技术的现状与发展前景［J］. 半导体光电，1985（1）：3-25.

［28］艾克聪，周立伟，西门纪业. 宽束和细束电磁聚焦球面阴极透镜的像差理论［J］. 物理学报，1986（9）：87-97.

［29］艾克聪，西门纪业，周立伟. 电磁复合聚焦—偏转球面阴极透镜的相对论像差理论［J］. 物理学报，1986（9）：98-110.

［30］周立伟，方二伦. 热辐射的数字模拟［J］. 红外技术，1986，8（2）：4-13.

［31］倪国强，周立伟，金伟其，等. 电磁聚焦移像系统中静电聚焦场的逆设计［R］// 永川：第三届全国光电器件学术交流会，1987.

［32］周立伟，仇伯仓，倪国强. 移像系统中聚焦磁场的逆设计［R］// 永川：第三届全国光电器件学术交流会，1987.

［33］周立伟，金伟其，倪国强. 静电宽电子束聚焦的像差理论［R］// 永川：第三届全国光电器件学术交流会，1987.

［34］Ai K C，Zhou L W，Ximen J Y. On the aberration theory for wide and narrow electron beams in a combined electromagnetic focusing system possessing a spherical cathode［J］. Optik，1987，75（3）：101-108.

［35］Zhou L W. Proceedings of international symposium on electron［J］. Optik，1987：11-14.

［36］Ai K C，Ximen J Y，Zhou L W. Relativistic aberration theory for a combined electromagnetic focusing deflection system possessing a spherical cathode [J]. Optik, 1987, 75 (3): 112-120.

[37] Zhou L W, Qiu B C, Ni G Q. An inverse design of magnetic focusing coil of electrostatic and magnetic imaging [J]. Optik, 1988, 78 (2): 54-58.

[38] 倪国强, 周立伟, 方二伦. 电光成像系统全色点扩散函数的研究 [J]. 北京工业学院学报, 1988, 8 (1): 31-42.

[39] Zhou L W, Ni G Q, Qiu B C. Tensor analysis of electron motion in curvilinear coordinate system (I) [J]. Optik, 1988, 78 (3): 101-107.

[40] Zhou L W, Ni G Q, Qiu B C. Tensor analysis of electron motion in curvilinear coordinate system (II) [J]. Optik, 1988, 79 (2): 53-66.

[41] 周立伟, 金伟其, 倪国强, 等. 相对论修正下宽电子束聚焦的普遍理论 [J]. 电子科学学刊, 1988, 10 (6): 520-527.

[42] 周立伟, 倪国强, 仇伯仓. 曲线坐标系下电子运动的张量分析 [J]. 电子学报, 1988, 16 (5): 55-67.

[43] 周立伟, 金伟其, 倪国强. 曲轴宽电子束聚焦理论的研究 [J]. 光电子学技术, 1988I (4): 8-22.

[44] 方二伦, 周立伟. 像管电子光学设计软件简介 [R] // 兴城: 第四届全国光电器件学术讨论会, 1989.

[45] 金伟其, 周立伟, 倪国强, 等. 计算电磁复合聚焦移像系统聚焦磁场的边界元—有限元混合法研究 [R] // 兴城: 第四届全国光电器件学术讨论会, 1989.

[46] 周立伟, 金伟其, 倪国强. 关于宽电子束聚焦理论的研究 [R] // 兴城: 第四届全国光电器件学术讨论会, 1989.

[47] 倪国强, 周立伟, 金伟其, 等. 电磁聚焦移像系统中静电聚焦场的逆设计 [J]. 电子科学学刊, 1989, 11 (3): 236-243.

[48] 倪国强, 周立伟, 方二伦. 用三维坐标对光电成像系统点扩散函数的调制传递函数的研究 [J]. 兵工学报, 1989 (1): 19-30.

［49］周立伟，仇伯仓，倪国强. 电磁聚焦移像系统中聚焦磁场的逆设计
［J］. 电子学报，1989，17（2）：21-27.

［50］Ni G Q，Zhou L W，Jin W Q，et al. An lnverse design of electrostatic
focusing field for electrostatic and magnetic imaging［J］. Journal of
Chinese Electronics，1990，7（1）：6-14.

［51］周立伟，金伟其，倪国强. 旋转非正交曲线坐标系下的宽电子束聚
焦［C］// 第五届全国电子光学学术讨论会论文集. 北京：中国电子
学会，1990：6-7.

［52］金伟其，周立伟，倪国强. 正交条件下曲轴宽电子束聚焦的像差理
论［C］// 第五届全国电子光学学术讨论会论文集. 北京：中国电子
学会，1990：8-9.

［53］金伟其，周立伟，倪国强. 电磁聚焦成像系统的曲轴像差理论
［C］// 第五届全国电子光学学术讨论会论文集. 北京：中国电子学
会，1990：12-13.

［54］金伟其，周立伟，倪国强，等. 电磁聚焦系统设计计算方法的研究
［C］// 第五届全国电子光学学术讨论会论文集. 北京：中国电子学
会，1990：10-11.

［55］Zhou L W，Fang E L. Electron optics of oblique electromagnetic focusing
systems［J］. Journal of Beijing Institute of Technology，1990，10（S1）：
19-32.

［56］Ni G Q，Zhou L W，Jin W Q，et al. A study of new methods for
designing electrostatic and magnetic imaging systems with variable
magnification［J］. SPIE，1990（1230）：55-57.

［57］金伟其，周立伟，倪国强. 面对称静电场中曲轴宽电子束聚焦的像
差理论［J］. 北京理工大学学报，1990，10（4）：34-44.

［58］金伟其，周立伟，倪国强. 图像无旋转的曲轴电磁聚焦成像［J］. 光
电子学技术，1990（3）：18-24.

［59］周立伟，金伟其，倪国强. 宽电子束聚焦的变分理论［J］. 北京理工
大学学报，1991，11（2）：33-41.

［60］倪国强，周立伟，金伟其，等. 电磁聚焦成像系统中带不饱和磁铁聚焦磁场的约束逆设计［J］. 电子学报，1991，19（2）：50-56.

［61］Zhou L W, Fang E L, Ni G Q, et al. Study of electron optical system design of image tubes in Beijing Institute of Technology［R］//Bristol：The Tenth Symposium on Photoelectronic Image Devices，1991.

［62］Zhou L W, Zhang Z Q, Ni G Q, et al. On modulation transfer function of cathode lenses in image tubes［R］//Bristol：The Tenth Symposium on Photoelectronic Image Devices，1991.

［63］Ai K C, Ximen J Y, Zhou L W, et al. Aberration theory for angularly wide and transversely large beams in electromagnetic focusing with curved axes［J］. Chinese Journal of Electronics，1991，1（1）：1-7.

［64］金伟其，周立伟，倪国强，等. 一种计算轴对称磁场边界元—有限元混合法的研究［J］. 北京理工大学学报，1991，11（4）：34-44.

［65］金伟其，周立伟，倪国强. 一种用曲轴轨迹确定轴外点扩散函数分布的方法［J］. 北京理工大学学报，1991，11（4）：90-93.

［66］张宏斌，周立伟，倪国强. 永磁式缩小倍率型光电图像增强系统［R］// 广州：中国光学学会青年光学工作者学术年会，1991.

［67］艾克聪，西门纪业，周立伟，等. 宽束曲轴大物面电磁聚焦系统的弯曲轴电子光学像差理论［J］. 电子学报，1992，20（3）：1-8.

［68］倪国强，张智诠，周立伟，等. 变倍电磁聚焦像增强器实验系统的研究［R］// 南京：第五届全国光电器件学术讨论会，1992.

［69］张智诠，周立伟，金伟其. 一种计算轴对称静电场的多重网格法［J］. 电子学报，1993，21（6）：1-6.

［70］Zhang Z Q, Zhou L W, Jin W Q, et al. A multigrid method for the computation of rotational symmetricai electrostatic field［J］. Chinese Journal of Electronics，1993，2（1）：15-19.

［71］Zhang Z Q, Zhou L W, Jin W Q, et al. Optimization design of image tubes with electrostatic focusing［J］. SPIE，1993（1982）：238-244.

［72］Ni G Q, Jin W Q, Zhou L W, et al. A new study on permanent magnetic focusing detectors for space astronomy [J]. SPIE, 1993 (1982): 257-263.

[73] Zhang Ling, Zhou L W, Jin W Q, et al. A study of electron optical systems for conical immersion lenses [J]. Chinese Journal of Electronics, 1993, 2 (2): 43-49.

[74] 张翎, 周立伟, 金伟其, 等. 圆锥浸没透镜电子光学系统的研究 [C] // 全国第六届电子光学会议论文集. 北京: 中国电子学会, 1993: 68-71.

[75] 张智诠, 周立伟, 金伟其, 等. 多重网格法计算轴对称电场的研究 [C] // 全国第六届电子光学会议论文集. 北京: 中国电子学会, 1993: 61-67.

[76] 周立伟. 提高二代薄片管性能的技术途径的探讨 [C] // 中国兵工学会第三届学术年会论文集. 西安: 中国兵工学会, 1993: 19.

[77] 张翎, 周立伟, 金伟其. 圆锥浸没透镜电子光学系统的研究 [J]. 电子学报, 1994, 22 (6): 17-24.

[78] 倪国强, 傅德濂, 张宏斌, 等. 缩小倍率型永磁聚焦天文成像探测系统的研究 [J]. 电子学报, 1994, 22 (11): 1-8.

[79] Ni G Q, Fu D L, Zhang H B, et al. A study on the design of CCD-Digicon using pertmanent magnet with demagnication [J]. Chinese Journal of Electronics, 1994, 4 (2): 1-7.

[80] 金伟其, 周立伟, 倪国强. 具有任意设定图像转角的电磁聚焦成像 [J]. 电子学报, 1995, 24 (3): 10-14.

[81] 金伟其, 周立伟, 倪国强. 电磁聚焦成像系统中由轴宽电子束聚焦的像差理论 [J]. 北京理工大学学报, 1995, 15 (3): 271-277.

[82] Jin W Q, Zhou L W, Ni G Q. Elcctrostatic and magnetic imaging with any specified image rotation [J]. Chinese Journal of Electronics, 1995, 4 (4): 21-26.

[83] Jin W Q, Zhou L W, Ni G Q. Realizing any specified image rotation in electrostatic and magnetic imaging [J]. SPIE, 1995 (2552): 90-99.

[84] Zhou L W, Zhang Z Q, Jin W Q. Some problems of mathematical simulation in optimization design of electrostatic image tubes [J]. SPIE, 1995 (2552): 102-115.

[85] Zhang L Z, Jin W Q, Zhou L W. An electrostatic system with demagnification and its application in electron cameras of astronomical imaging detectors [R] //Optoelectronics and Lasers Proceedings of ICOEL, 1995: 407-412.

[86] 周立伟, 张智诠, 金伟其. 静电像管电子光学系统优化设计的研究 [R] // 北京: 中国光学学会年会, 1995.

[87] 金伟其, 周立伟, 倪国强. 一种放大率 $M \neq 1$ 的倒像式电磁聚焦成像 [R] // 北京: 中国光学学会年会, 1995.

[88] 张良忠, 金伟其, 周立伟, 等. 一种适合于天文成像探测电子照相机的小倍率静电成像系统 [R] // 全国第六届光电技术及系统学术年会, 1995.

[89] Jiang X Y, Zhou L W, Gao Z Y. Multispectral image fusion using wavelet transform [J]. SPIE, 1996 (2898): 35-42.

[90] Zhang X S, Ni G Q, Zhou L W. A video compression processing system based on the jpeg compression standard [J]. SPIE, 1996 (2898): 1-7.

[91] 刘金刚, 何长顺, 沈柯, 等. 周期激励对 Bragg 型声光双稳系统混沌消除的实验 [J]. 物理实验, 1996, 16 (4): 168-170.

[92] 刘金刚, 何长顺, 沈柯, 等. 偏置调整实现声光双稳混沌系统的多种周期光输出 [J]. 长春光学精密机械学院学报, 1996, 19 (3): 1-5.

[93] 杨怀江, 沈柯, 翁兆恒, 等. 混沌光学系统之前向神经网混沌加速的系统辨识研究 [J]. 光学学报, 1996, 16 (5): 651-656.

[94] 杨怀江, 沈柯, 翁兆恒, 等. 混沌光学系统之前向神经网络系统辨识研究 [J]. 中国激光, 1996, A23 (6): 548-554.

[95] Li X M, Zhou L W, Jin W Q. Time Responding Properties of GaAs Negative Affinity Photocathodes [R] //Beijing: International

Symposium on Information Science and Technology, 1996.

［96］Weng Z H, Yang H J, Shen K, Zhou L W. NeuraI Network System Identification of Chaotic Optical Systems with the Chaos Speedup BP Algorithm［J］. SPIE, 1996（2695）: 255-264.

［97］刘金刚，沈柯，周立伟. 声光双稳系统混沌的控制［J］. 光学学报，1997，17（1）: 10-15.

［98］刘金刚，沈柯，周立伟. 声光双稳系统的自控制反馈耦合驱动混沌同步［J］. 物理学报，1997（466）: 1041-1047.

［99］刘金刚，沈柯，周立伟. 声光双稳系统的混沌同步［J］. 光学学报，1997，17（7）: 841-846.

［100］刘金刚，沈柯，周立伟. 声光双稳系统周期激励作用下分数锁频行为的研究［J］. 长春光学精密机械学院学报，1997，21（1）: 71-75.

［101］刘金刚，沈柯，周立伟. 脉冲法控制混沌的研究［J］. 长春光学精密机械学院学报，1997，21（2）: 71-75.

［102］张雪松，倪国强，周立伟，等. 一种采用 C650 处理器的静态图像编码压缩处理系统［J］. 光学技术，1997（1）: 13-16.

［103］张雪松，倪国强，周立伟，等. 一种新的数字式多媒体图像采集系统［J］. 光学技术，1997（2）: 16-18.

［104］张雪松，倪国强，周立伟，等. 图像编码技术发展综述［J］. 光学技术，1997（3）: 37-41.

［105］张雪松，倪国强，周立伟，等. 带有 DSP 芯片的新型实时数字图像处理系统［J］. 光学技术，1997（4）: 16-18.

［106］蒋晓瑜，高稚允，周立伟. 小波变换在多光谱图像融合中的应用［J］. 电子学报，1997，25（8）: 105-108.

［107］蒋晓瑜，高稚允，周立伟. 基于小波变换的多分辨图像融合［J］. 北京理工大学学报，1997，17（4）: 458-463.

［108］蒋晓瑜，高稚允，周立伟. 基于假彩色的多重图像融合［J］. 北京理工大学学报，1997，17（5）: 645-649.

［109］Jiang X Y，Zhou L W，Gao Z Y. Multispectral image fusion using wavelet transform［J］. SPIE，1997（2898）：35－42.

［110］刘金刚，沈柯，周立伟. 光学双稳系统混沌驱动保密通讯原理研究［J］. 光学学报，1997，17（1）：1473－1478.

［111］Li X M，Zhou L W，Jin W Q. The analysis of space charge current on space electron transit time［R］//International Meeting on Photoelectronics，1997.

［112］李相民，周立伟，金伟其. 科学级致冷 CCD 相机的性能和技术［J］. 大连理工大学学报，1997，37（增刊2）：163.

［113］李相民，周立伟，金伟其. 高速、低噪声、高分辨率 TDICCD 器件的分析［J］. 大连理工大学学报，1997，37（增刊2）：175.

［114］李相民，周立伟，金伟其. 电子光学系统瞬态响应特性的计算机模拟［J］. 大连理工大学学报，1997，37（增刊2）：178.

［115］张良忠，金伟其，周立伟，等. 动态库在像管设计中的一种应用方法［J］. 光学技术，1998（1）：33－34.

［116］张良忠，倪国强，金伟其，等. 用于天文成像的小倍率静电聚焦电子光学系统［J］. 北京理工大学学报，1998，18（2）：150－153.

［117］张雪松，倪国强，周立伟. 基于 JPEG 标准实时图像编码系统的研究［J］. 北京理工大学学报，1998，18（2）：217－221.

［118］金伟其，曾峰梅，周立伟. 具有任意图像转角的曲轴电磁聚焦成像［J］. 电子学报，1998，26（12）：41－44.

［119］张良忠，周立伟，金伟其. 考虑二级近似下静电曲轴宽电子束聚焦系统的计算［J］. 电子学报，1998，26（6）：19－22.

［120］Chen J Y，Zhou L W，Ding S Q. Research of the phase sensitive detection property of magnetic sensor based on hall effect［J］. Beijing Institute of Technology，1998，7（1）：32－38.

［121］倪国强，张雪松，周立伟，等. 一种采用 JEPG 标准的实时视频图像压缩处理系统［J］. 光学技术，1998（2）：66－69.

［122］张良忠，周立伟. 静电宽束曲轴二级近似轨迹的分析与计算［J］.

北京理工大学学报，1998（1）：31-35.

[123] 周立伟. 夜视像增强器（蓝光延伸与近红外延伸光阴极）的近期进展 [J]. 光学技术，1998（2）：18-27.

[124] 刘金刚，周立伟. 声光双稳系统周期激励作用下分数锁频行为的研究 [J]. 长春光学精密机械学院学报，1998，21（1）：1-6.

[125] 张雪松，倪国强，周立伟. 基于 JPEG 标准实时图像编码系统的研究 [J]. 北京理工大学学报，1998（2）：87-91.

[126] 刘金刚，沈柯，周立伟. 脉冲法控制混沌的研究 [J]. 长春理工大学学报（社会科学版），1998（2）：18-21.

[127] 金伟其，曹峰梅，周立伟. 具有设定图像旋转角的曲轴电磁聚焦成像 [J]. 电子学报，1998，12（2）：51-54.

[128] 张良忠，金伟其，周立伟. 一种静电像管优化设计方法的设想 [J]. 光学技术，1999（1）：61-63.

[129] 张智诠，周立伟，武兆斌. 像管电子光学系统多目标优化的研究 [J]. 装甲兵工程学院学报，1999，13（1）：51-55.

[130] 曹峰梅，周立伟，金伟其. 静电圆锥透镜曲轴电子束聚焦理论的研究 [J]. 电子学报，1999，27（3）：16-18.

[131] 张智诠，周立伟，黄应清. 轴对称静电场不等距多重网格法的研究 [R] // 装甲兵工程学院第五届学术交流会，1999.

[132] 周立伟，刘广荣，高稚允，等. 用于微光摄像的高灵敏度电子轰击电荷耦合器件 [J]. 中国工程科学，1999，1（3）：56-62.

[133] 张智诠，周立伟，武兆斌. 像管电子光学多目标优化的研究 [J]. 装甲兵工程学院学报，1999，13（1）：51-55.

[134] 张良忠，金伟其，周立伟. 利用同心球系统检验宽束曲轴数值计算方法 [J]. 光学技术，1999（3）：39-44.

[135] 张璟璟，周立伟，金伟其，等. 多重网格法求解三维静电场分布 [J]. 电子学报，2000，28（2）：94-96.

[136] 张璟璟，周立伟，金伟其，等. 多重网格法对复杂边界电子光学系统三维场的计算 [J]. 激光与光电子学进展，1999（S1）：90-92.

[137] 张璟璟，周立伟，金伟其，等. 多重网格法求解三维静电场分布 [J]. 电子学报，2000，28（2）：94-96.

[138] 张良忠，金伟其，周立伟. 静电曲轴宽电子束二级像差及系数的计算 [J]. 电子学报，2000，28（2）：17-19.

[139] Zhang J J, Zhou L W, Jin W Q. On solving three-dimensional electrostatic field distribution by multigrid method [J]. Fiber and Integrated Optics, 2000, 19（1）：67-77.

[140] Zhou L W. On sphero-chromatic aberrations limited temporal resolution and spatial resolution in image tubes [C] //Proceedings of Sino-Russia International Academic Conference. Beijing Institute of Technology, 2000：30-34.

[141] Andreev S V, Degtyareva V P, Zhou L W, et al. Comparative analysis of two approaches to streak image tube computation [C] //Proceedings of Sino-Russia International Academic Conference. Beijing Institute of Technology, 2000：42-50.

[142] Valentina P, Zhou L W et al. Comparative analysis of two approaches to streak image tube computation [C] //Abstracts of 24th International Congress on High-Speed Photography and Photonics & Exhibition, Sendai Japan, 2000：229.

[143] 张智诠，周立伟，黄应清，等. 轴对称静电场不等距多重网格法的研究 [J]. 装甲兵工程学院学报，2000，14（2）：35-39.

[144] 任建华，王魁荣，周立伟. 绿光问题中可变耦合参数的途径 [J]. 中国激光，2000（8）：44-48.

[145] 刘广荣，周立伟，王仲春，等. 背照明 CCD 微光成像技术 [J]. 红外技术，2000（1）：7-11.

[146] 周立伟. 浅议研究生指导教师的作用 [J]. 学位与研究生教育，2000（5）：4-5.

[147] 任建华，王葵如，周立伟. "绿光问题"中的变耦合参数法 [J]. 中国激光，2000（8）：714-718.

［148］张良忠，金伟其，周立伟. 成像系统均方根半径及调制传递函数的
计算［J］. 电子学报，2000，28（8）：5-8.

［149］白廷柱，邹正峰，芦汉生，等. 光电跟踪定位系统统计跟踪率误差
测试研究［J］. 北京理工大学学报，2001，21（5）：618-621.

［150］白廷柱，邹正峰，周立伟. 光电成像系统动态图像分辨特性测试方
法的研究［J］. 光学技术，2001，27（3）：240-241.

［151］周立伟. 光电子成像：回顾和展望［J］. 中国计量学院学报，2001，
12（2）：28-32.

［152］Ai K C, Zhou L W, Zeng Guilin, et al. Research on the new
performance model for the low light level imaging system［J］.
Proceedings of SPIE, 2002（4925）：524-529.

［153］Zuo F, Gao Z Y, Liu G R, et al. Aliasing phenomenon in ebccd
imaging［J］. Proceedings of SPIE, 2002（4925）：598-603.

［154］Wang Y F, Zhou L W, Zhang W, Dong Wei. Design for a kind of
Infrared Target［J］. Proceedings of SPIE, 2002（4927）：634-638.

［155］Wang Y F, Zhou L W, Zhang W. Design of Infrared Collimation
converter in Temperature［J］. Proceedings of SPIE, 2002（4927）：
639-643.

［156］Wang Y F, Zhou L W, Huang F, et al. Total Performance
Measurement of Infrared Thermal Imager［J］. Proceedings of SPIE,
2002（4927）：644-651.

［157］左昉，刘广荣，高稚允，等. 用于微光成像的 BCCD，ICCD，
EBCCD 性能分析［J］. 北京理工大学学报，2002（1）：109-112.

［158］刘广荣，左昉，周立伟，等. EBCCD 的增益及信噪比研究［J］.
光学技术，2002，28（2）：120-122.

［159］周立伟. 中国的科技，从科学创造四阶段说起［J］. 自然辩证法研
究，2002，18（8）：12-15.

［160］艾克聪，周立伟，曾桂林，等. 微光夜视系统新的阈值探测理论和
视距探测方程研究［J］. 应用光学，2002，23（5）：1-6.

[161] 周立伟，张智诠. 多重网格法求解二维与三维静电场的研究［C］//
装甲兵工程学院第九届学术年会论文集（上），2003：142-151.

[162] 周立伟. 光学，明天更辉煌——写在北京理工大学光电工程系建系
50 周年［J］. 北京理工大学学报，2003，23（4）：397-404.

[163] 白廷柱，刘明奇，邹正峰，等. 像管动态成像过程的计算机模拟仿
真［J］. 北京理工大学学报，2003（4）：94-96，104.

[164] Ai K C，Zhou L W，Zeng G L，et al. Research on the united
expression of MRTD and MDTD for thermal imaging systems［C］//
Proceedings of the SPIE-The International Society for Optical
Engineering，2003.

[165] 左昉，高稚允，刘明奇，等. 电子轰击型电荷耦合器件成像过程中
的混频现象［J］. 兵工学报，2003（3）：351-353.

[166] 郭新军，张智诠，周立伟，等. 计算像管三维静电场的多重网格法
［J］. 红外与激光工程，2003（5）：539-542.

[167] 张智诠，周立伟，陶禹. 多重网格法求解静电像管三维电场的若干
问题研究［J］. 装甲兵工程学院学报，2004（1）：33-37.

[168] 周立伟. 笃学诚行　惟恒创新——谈研究生指导教师的作用［J］.
学位与研究生教育，2004（8）：6-10.

[169] 周立伟. 关于微光像增强器的品质因数［J］. 红外与激光工程，
2004（4）：331-337.

[170] Zhou L W，Li Y，Zhang Z Q. On the theory of temporal aberrations
for electron optical imaging systems by using "Direct Integral Method"
［J］. SPIE，2005（5580）：710-724.

[171] 周立伟，李元，张智诠. 直接积分法研究电子光学成像系统的时间
像差理论［J］. 物理学报，2005，54（8）：3591-3596.

[172] Zhou L W，Li Y，Zhang Z Q，et al. On the theory of temporal
aberrations for cathode lenses［J］. Optik，2005，116（4）：175-184.

[173] 周立伟，李元，张智诠. 静电聚焦同心球系统验证电子光学成像系
统的时间像差理论［J］. 物理学报，2005，54（8）：3597-3603.

［174］李元，周立伟，方二伦. 静电同心球电子光学系统时间像差系数的计算［C］//光电技术与系统文选——中国光学学会光电技术专业委员会成立二十周年暨第十一届全国光电技术与系统学术会议论文集. 北京：中国光学学会光电技术专业委员会，2005：590-594.

［175］李元，周立伟，方二伦，等. 直接积分法计算高速摄影条纹管的时间传递函数研究［C］//2005 全国博士生学术论坛光学工程论文集 . 北京：北京理工大学，2005：1-8.

［176］李元，周立伟，方二伦等. 高速摄影变像管时间像差理论与设计的研究［R］// 全国瞬态光学与光子技术交流会，2005：278-282.

［177］曾桂林，周立伟，李晓峰. 多碱光阴极玻璃基底表面处理研究［J］. 激光与红外，2005（7）：508-511.

［178］周立伟，方二伦. 静电同心球电子光学系统时间像差系数的计算［C］// 中国光学学会第十一届全国光电技术与系统学术会议，2005.

［179］周立伟，Monastyrski M A，Schelev M Ya. 关于 τ 变分法研究电子光学成像系统的时间像差理论［J］. 电子学报，2006，34（2）：193-197.

［180］曾桂林，周立伟，张彦云. 微光 ICCD 电视摄像技术的发展与性能评价［J］. 光学技术，2006（3）：337-340.

［181］周立伟. 关于动态电子光学时间像差理论的研究［J］. 北京理工大学学报，2006，26（5）：377-382.

［182］Zhou L W. On spatial and temporal aberration theory of electrostatic electron optical imaging systems［C］//Abstracts of the Eighth All-Russian Seminar "Problems of theoretical and applied electron and ion optics". Russia，2007：9.

［183］Zhou L W. On theory of paraxial lateral aberrations of imaging electrostatic electron optical systems based on asymptotic solutions［J］. SPIE，2007（6621）：1-12.

［184］Zhou L W，Gong H. Test and verification of theory of paraxial lateral aberrations by a two-electrode electrostatic concentric spherical system model [J]. SPIE, 2007 (6621): 1-13.

[185] Zhou L W, On the theory of temporal aberrations for dynamic electron optics [J]. Frontiers of Optoelectronics in China, 2008, 1 (1-2): 50-57.

[186] Ai K C, Zhou L W, Li X F, et al. Proposals to set up the new performance model for thermal Imaging systems [J]. SPIE, 2008 (6833): 1-5.

[187] Ai K C, Zhou L W. Research on the two dimensional performance model for low light level imaging systems [J]. SPIE, 2008 (6833): 3.

[188] Zeng G L, Zhou L W, Li X F. The effect of super Gen. II photocathode glass plasma pretreatment on sensitivity [C] // Photoelectronic Imaging and Detection International Society for Optics and Photonics, 2008.

[189] 周立伟. 基于渐近解的静电成像电子光学近轴横向像差理论 [J]. 北京理工大学学报, 2009, 29 (11): 941-946.

[190] 周立伟, 公慧. 渐近解求解静电成像电子光学近轴横向像差的验证 [J]. 北京理工大学学报, 2009, 29 (12): 1035-1041.

[191] Zhou L W, Gong H, Zhang Z Q. On electron-optical spatial and temporal aberrations in a bi-electrode spherical concentric system with electrostatic focusing [J]. SPIE, 2009 (7384): 1-12.

[192] Zhou L W, Gong H, Zhang Z Q Paraxial imaging electron optics and its spatial-temporal aberrations for a bi-electrode concentric spherical system with electrostatic focusing [J]. SPIE, 2009 (7384): 1-9.

[193] 张智诠, 张轶飞, 周立伟. 一种新的计算三维电位分布的表面电荷法 [J]. 兵工学报, 2009, 30 (10): 1334-1338.

[194] 周立伟, 公慧, 张智诠, 等. 两电极静电同心球系统的成像电子光学及其空间-时间像差 [J]. 物理学报, 2010, 59 (8): 5450-5458.

［195］周立伟，公慧，张智诠. 两电极静电同心球系统的近轴电子光学及其空间－时间像差［J］. 物理学报，2010，59（8）：5459－5466.

［196］Zhou L W，Gong H，Zhang Z Q. Paraxial imaging electron optics and its spatial－temporal aberrations for a bi－electrode concentric spherical system with electrostatic focusing［J］. Optik，2010，122（4）：295－299.

［197］Zhou L W，Gong H. Theory of paraxial lateral aberrations of electrostatic imaging electrostatic electron optics based on asymptotic solutions and its verification［J］. Optik，2011，122（4）：300－306.

［198］Zhou L W，Gong H，Zhang Z Q. Static and dynamic imaging electron－optics and spatial－temporal aberrations in a bi－electrode spherical concentric system with electrostatic focusing［J］. Optik，2011（122）：287－294.

［199］周立伟，公慧. 基于渐近解的成像电子光学近轴横向像差理论及其验证［J］. 电子学报，2011，39（3）：619－625.

［200］公慧，周立伟，倪国强，等. 成像电子光学系统的空间和时间像差的均方根半径（RMS）研究［J］. 光学技术，2011，37（4）：507－511.

［201］周立伟. 科学研究方法与治学谈［J］. 科技潮，2011（1）：34－37.

［202］Zhou L W. Imaging electron optics of a combined electromagnetic concentric spherical systems［J］. Acta Optica Sinica，2019，39（4）：1－10.

二、著作

［1］周立伟. 探索之路——科学研究方法谈［M］. 北京：北京工业学院，1988.

［2］周立伟. 宽束电子光学［M］. 北京：北京理工大学出版社，1993.

［3］周立伟. 宽电子束聚焦与成像——周立伟电子光学学术论文选

［M］．北京：北京理工大学出版社，1994．

［4］周立伟．一个指导教师的札记［M］．北京：北京理工大学出版社，
1998．

［5］周立伟．目标探测与识别［M］．北京：北京理工大学出版社，
2002．

［6］周立伟．科学研究的途径———一个指导教师的札记［M］．北京：北
京理工大学出版社，2007．

［7］周立伟．藏绿斋札记：感悟人文［M］．北京：北京理工大学出版
社，2016．

［8］周立伟．藏绿斋札记：情系科研［M］．北京：北京理工大学出版
社，2016．

［9］周立伟．藏绿斋札记：心驰科普［M］．北京：北京理工大学出版
社，2016．

参考文献

［1］周立伟. 藏绿斋札记：情系科研［M］. 北京：北京理工大学出版社，2016.

［2］周立伟. 藏绿斋札记：感悟人文［M］. 北京：北京理工大学出版社，2016.

［3］周立伟. 藏绿斋札记：心驰科普［M］. 北京：北京理工大学出版社，2016.

［4］周立伟. 科学研究的途径———一个指导教师的札记［M］. 北京：北京理工大学出版社，2007.

［5］周立伟. 宽电子束聚焦与成像———周立伟电子光学学术论文选［M］. 北京：北京理工大学出版社，1994.

［6］周立伟. 宽束电子光学［M］. 北京：北京理工大学出版社，1993.

［7］马镛. 传统与再生———中国私立和民办中小学的本土成长［M］. 济南：山东教育出版社，2007.

［8］石鸥，吴小鸥. 百年中国教科书图说［M］. 长沙：湖南教育出版社，2009.

［9］马联芳. 名校春秋［M］. 上海：上海教育出版社，2010.

［10］上海理工大学校史研究室. 栋梁气贯大世界———上海理工大学工程教育百年［M］. 上海：上海交通大学出版社，2011.

［11］桑硼飞. 红色征途———北京理工大学辉煌70年访谈录［M］. 北京：北京理工大学出版社，2013.

［12］安连生. 璀璨之光：光电学院学科（专业）发展史［M］. 北京：北京理工大学，2010.

［13］伊旭松. 黑夜中为祖国擦亮眼睛——记中国工程院院士周立伟［N］. 绍兴日报，2008-01-10.

［14］郝俊. 周立伟：一生不偷懒［N］. 中国科学报，2014-04-04.

［15］郝俊. 周立伟：技术员到科学家之路［N］. 中国科学报，2012-08-27.

［16］北京理工大学宣传部. 情系科学，乐育英才——记光电学院周立伟院士［N］. 北京理工大学校报，2012-10-08.

［17］刘家贻. 周立伟：自己的科学学派的创立者［J］. 中国发明与专利，2014（6）：112-114.

后 记

　　我与周立伟院士相识于 2015 年 2 月 26 日。那日，正是我国著名光学家、"两弹一星"元勋王大珩院士百年诞辰，中国光学学会在中国科技会堂举办了纪念会，周立伟院士应邀出席。我那时正在写作《赤子丹心　中华之光：王大珩传》，也参加了这次大会，得以与周院士认识。周院士听说我正在撰写王老的传记，十分高兴，他说王老的一生值得后人详细书写，他是光学界里的一面旗帜，是中国光学事业的奠基人和开拓者。周立伟院士留下了联系方式，表示愿意接受我们的访谈，谈一谈自己对王大珩院士的了解。

　　之后的访谈，周院士耐心详细地回答了一系列问题，详细完整地回忆了自己与王大珩院士相处的点点滴滴。访谈期间，他不顾自己年事已高，和我畅谈两个多小时，甚至连水都顾不上喝一口，认真的精神令我十分感动。在王大珩院士传记的撰写过程中，周院士又多次帮我审稿，提出了宝贵的意见，他对前辈的尊敬，对后辈的帮助，我一直铭记于心。

　　2018 年，周立伟院士提出让我来撰写他的传记，这是周院士对我的信任。当北京理工大学负责周院士采集工作的马丽老师联系我时，我毫不犹豫地接受了这个任务，决心要为这位可敬的老人撰写一本学术传记。

　　在传记撰写过程中，我与周院士多有来往，周院士将自己的专著赠予我，还常常向我讲述自己的学术思想和人生经历，发来最新的研究工作，说起最近的人生感悟。其中，令我最难忘的是，周立伟院士多次坚定地告诉我，传记撰写一定要如实记录，不得有任何拔高之处。对此，我理解的是，周院士只想在传记中记录下一个真实的自己，把自己的学术经验和人生经历客观真实地展现出来、留存下来。2019 年 2 月，周立伟院士还盛情邀请我去他的故乡诸暨做客，跟随周院士的脚步，我们一行人真实看到了他的成长，体会到了他对故乡的眷念，对家乡的真情。

我不忍辜负周院士的信任和厚爱，两年多来，一直在进行资料调研和写作。无奈事务繁忙，再加上新冠肺炎疫情，许多访谈和调研都无法顺利开展，好在周院士对此一直表示理解和体谅。在多家单位的帮助下，传记终于顺利完成。周院士对传记进行了审定和逐字修改。

从马丽老师那里得知，北京理工大学领导，图书馆、档案馆都积极支持采集工作，在项目组成员查阅周院士人事档案及科研档案时给予了极大的帮助和便利，在这里表示感谢！感谢周院士的女儿周霞老师，帮忙协调外围访谈及采集工作，捐献了周院士的大量实物资料，还让学生帮忙送到图书馆，让项目组成员觉得一定要做好采集工作才能对得起周院士及家属对我们工作的理解和支持。感谢周院士的学生艾克聪老师在访谈中提供了很多周院士在为人师表方面的一些细节。感谢周立法、陈锡昌二位先生提供的有关周院士青年时代的往事。

本传记的完成，离不开周院士的鼓励、离不开北京理工大学的支持，离不开中国科协采集工程项目办公室的帮助。同样，还有诸多接受过访谈、提供了资料的单位和个人，令我真实、全面了解到周院士的人生经历，对此一并表示感谢！

胡晓菁

老科学家学术成长资料采集工程丛书

已出版（139种）

《卷舒开合任天真：何泽慧传》　　　《此生情怀寄树草：张宏达传》

《从红壤到黄土：朱显谟传》　　　　《梦里麦田是金黄：庄巧生传》

《山水人生：陈梦熊传》　　　　　　《大音希声：应崇福传》

《做一辈子研究生：林为干传》　　　《寻找地层深处的光：田在艺传》

《剑指苍穹：陈士橹传》　　　　　　《举重若重：徐光宪传》

《情系山河：张光斗传》　　　　　　《魂牵心系原子梦：钱三强传》

《金霉素·牛棚·生物固氮：沈善炯传》　《往事皆烟：朱尊权传》

《胸怀大气：陶诗言传》　　　　　　《智者乐水：林秉南传》

《本然化成：谢毓元传》　　　　　　《远望情怀：许学彦传》

《一个共产党员的数学人生：谷超豪传》　《没有盲区的天空：王越传》

《含章可贞：秦含章传》　　　　　　《行有则　知无涯：罗沛霖传》

《精业济群：彭司勋传》　　　　　　《为了孩子的明天：张金哲传》

《肝胆相照：吴孟超传》　　　　　　《梦想成真：张树政传》

《新青胜蓝惟所盼：陆婉珍传》　　　《情系粱菽：卢良恕传》

《核动力道路上的垦荒牛：彭士禄传》　《笺草释木六十年：王文采传》

《探赜索隐　止于至善：蔡启瑞传》　《妙手生花：张涤生传》

《碧空丹心：李敏华传》　　　　　　《硅芯筑梦：王守武传》

《仁术宏愿：盛志勇传》　　　　　　《云卷云舒：黄士松传》

《踏遍青山矿业新：裴荣富传》　　　《让核技术接地气：陈子元传》

《求索军事医学之路：程天民传》　　《论文写在大地上：徐锦堂传》

《一心向学：陈清如传》　　　　　　《钤记：张兴钤传》

《许身为国最难忘：陈能宽传》　　　《寻找沃土：赵其国传》

《钢锁苍龙　霸贯九州：方秦汉传》

《一丝一世界：郁铭芳传》

《宏才大略　科学人生：严东生传》

《我的气象生涯：陈学溶百岁自述》

《赤子丹心　中华之光：王大珩传》

《根深方叶茂：唐有祺传》

《大爱化作田间行：余松烈传》

《格致桃李半公卿：沈克琦传》

《躬行出真知：王守觉传》

《草原之子：李博传》

《此生只为麦穗忙：刘大钧传》

《航空报国　杏坛追梦：范绪箕传》

《聚变情怀终不改：李正武传》

《真善合美：蒋锡夔传》

《治水殆与禹同功：文伏波传》

《用生命谱写蓝色梦想：张炳炎传》

《远古生命的守望者：李星学传》

《善度事理的世纪师者：袁文伯传》

《"齿"生无悔：王翰章传》

《慢病毒疫苗的开拓者：沈荣显传》

《殚思求火种　深情寄木铎：黄祖洽传》

《合成之美：戴立信传》

《誓言无声铸重器：黄旭华传》

《水运人生：刘济舟传》

《在断了 A 弦的琴上奏出多复变
　　最强音：陆启铿传》

《虚怀若谷：黄维垣传》

《乐在图书山水间：常印佛传》

《碧水丹心：刘建康传》

《我的教育人生：申泮文百岁自述》

《阡陌舞者：曾德超传》

《妙手握奇珠：张丽珠传》

《追求卓越：郭慕孙传》

《走向奥维耶多：谢学锦传》

《绚丽多彩的光谱人生：黄本立传》

《探究河口　巡研海岸：陈吉余传》

《胰岛素探秘者：张友尚传》

《一个人与一个系科：于同隐传》

《究脑穷源探细胞：陈宜张传》

《星剑光芒射斗牛：赵伊君传》

《蓝天事业的垦荒人：屠基达传》

《化作春泥：吴浩青传》

《低温王国拓荒人：洪朝生传》

《苍穹大业赤子心：梁思礼传》

《仁者医心：陈灏珠传》

《神乎其经：池志强传》

《种质资源总是情：董玉琛传》

《当油气遇见光明：翟光明传》

《微纳世界中国芯：李志坚传》

《至纯至强之光：高伯龙传》

《弄潮儿向涛头立：张乾二传》　　　《材料人生：涂铭旌传》

《一爆惊世建荣功：王方定传》　　　《寻梦衣被天下：梅自强传》

《轮轨丹心：沈志云传》　　　　　　《海潮逐浪　镜水周回：童秉纲

《继承与创新：五二三任务与青蒿素研发》　　　　口述人生》

《淡泊致远　求真务实：郑维敏传》　《采数学之美为吾美：周毓麟传》

《情系化学　返璞归真：徐晓白传》　《神经药理学王国的"夸父"：

《经纬乾坤：叶叔华传》　　　　　　　　　金国章传》

《山石磊落自成岩：王德滋传》　　　《情系生物膜：杨福愉传》

《但求深精新：陆熙炎传》　　　　　《敬事而信：熊远著传》

《聚焦星空：潘君骅传》

《逐梦"中国牌"心理学：周先庚传》　《恬淡人生：夏培肃传》

《情系花粉育株：胡含传》　　　　　《我的配角人生：钟世镇自述》

《情系生态：孙儒泳传》　　　　　　《大气人生：王文兴传》

《此生惟愿济众生：韩济生传》　　　《历尽磨难的闪光人生：傅依备传》

《谦以自牧：经福谦传》　　　　　　《思地虑粮六十载：朱兆良传》

《世事如棋　真心依旧：王世真传》　《心瓣探微：康振黄传》

《大地情怀：刘更另传》　　　　　　《寄情水际砂石间：李庆忠传》

《一儒：石元春自传》　　　　　　　《美玉如斯　沉积人生：刘宝珺传》

《玻璃丝通信终成真：赵梓森传》　　《铸核控核两相宜：宋家树传》

《碧海青山：董海山传》　　　　　　《驯火育英才　调土绿神州：

　　　　　　　　　　　　　　　　　　　徐旭常传》

《追光：薛鸣球传》　　　　　　　　《通信科教　乐在其中：李乐民传》

《愿天下无甲肝：毛江森传》　　　　《力学笃行：钱令希传》

《以澄净的心灵与远古对话：吴新智传》《与肿瘤相识　与衰老同行：

《景行如人：徐如人传》　　　　　　　　童坦君传》

《没有勋章的功臣：杨承宗传》　　　　《科学人文总相宜：杨叔子传》